非控股大股东治理对公司价值影响的实证研究

颜才玉 李娟 ◎ 著

中国财经出版传媒集团

经济科学出版社

Economic Science Press

图书在版编目（CIP）数据

非控股大股东治理对公司价值影响的实证研究／颜才玉，李娟著． --北京：经济科学出版社，2021. 10
ISBN 978 - 7 - 5218 - 2973 - 0

Ⅰ. ①非… Ⅱ. ①颜… ②李… Ⅲ. ①股东 - 治理 - 影响 - 公司 - 价值 - 研究 Ⅳ. ①F276. 6

中国版本图书馆 CIP 数据核字（2021）第 209195 号

责任编辑：顾瑞兰
责任校对：齐　杰
责任印制：邱　天

非控股大股东治理对公司价值影响的实证研究
颜才玉　李　娟　著
经济科学出版社出版、发行　新华书店经销
社址：北京市海淀区阜成路甲 28 号　邮编：100142
总编部电话：010-88191217　发行部电话：010-88191522
网址：www. esp. com. cn
电子邮箱：esp@ esp. com. cn
天猫网店：经济科学出版社旗舰店
网址：http：//jjkxcbs. tmall. com
北京时捷印刷有限公司印装
880×1230　32 开　7.25 印张　180000 字
2021 年 10 月第 1 版　2021 年 10 月第 1 次印刷
ISBN 978 - 7 - 5218 - 2973 - 0　定价：49.00 元
（图书出现印装问题，本社负责调换。电话：010 - 88191510）
（版权所有　侵权必究　打击盗版　举报热线：010 - 88191661
QQ：2242791300　营销中心电话：010 - 88191537
电子邮箱：dbts@esp. com. cn）

　　本书为国家自然科学基金青年项目："台前"还是"幕后"：非控股大股东治理模式对企业技术创新的影响研究（编号：72002071）；湖南省自然科学基金青年项目：非控股大股东治理积极性与隧道行为：企业负债视角与影响机制（编号：2020JJ5110）；湖南省教育厅优秀青年项目：非控股大股东治理对企业负债的影响研究（编号：21B0575）结项成果。受湖南工商大学会计学院学术专著出版资助。

前　言

在众多的治理机制中，股权结构无疑是公司治理的基石，对股权结构认知的变化必然带动公司治理研究重点的变迁，传统的公司治理研究一直建立在股权结构高度分散和绝对集中两种极端的框架下，基于此，"管理者"和"控股股东"一直是公司治理的研究重点。在股权结构高度分散的框架下，所有权与控制权分离导致的第一类代理问题是公司治理研究的重点，如何减少和避免管理者的"逆向选择"和"道德风险"成为探讨的关键。在股权结构高度集中的框架下，控制权和现金流权的分离导致的第二类代理问题是公司治理研究的重点，如何限制控股股东的"隧道效应"成为研究的方向。事实上，除了分散的股权结构与集中的股权结构之外，"一个控股股东、多个大股东"的多重股权结构也广泛存在。然而，以往大多数研究都忽视了多重股权结构的治理效应，特别是忽视了多重股权结构中的非控股大股东治理效应。

为此，本书选取 2007~2016 年沪深主板市场 1012 家上市公司为样本来研究非控股大股东在中国上市公司中的治理效应。以非控股大股东的现金流权、控制权竞争力和关联董监衡量非控股大股东治理能力，实证分析了非控股大股东治理对公司价值的影响效应，揭示了非控股大股东治理影响公司价值的作用路径（代理成本和投资效率），探讨了非控股大股东治理的作用边界（控股股东和董事会治理），并进一步估算了非控股大股东治理的经济后果，从而勾勒出中国上市公司非控股大股东治理角色。本书主要研究内容与基本结论如下。

非控股大股东治理对公司价值的影响研究。本书采用面板数据和 F 检验，从非线性的角度探讨了非控股大股东治理对公司价值的影响。研究发现：无论是从非控股大股东现金流权角度出发，还是从控制权竞争力，抑或是从关联董监的角度出发，非控股大股东治理与公司价值之间都存在显著的正相关关系，说明非控股大股东治理确实能够有效地提升公司价值。在控制了内生性问题、进行了变量替换、探讨了不同回归模型以及区分了企业性质和两权分离度的情况下，上述结论仍然成立。

非控股大股东治理影响公司价值的作用路径研究。本书分析了非控股大股东治理对代理成本和投资效率的影响。研究发现：非控股大股东治理能够显著地降低两类代理成本；非控股大股东治理能够显著地增加上市公司的非效率投资水平和过度投资水平，但也会显著地减少公司的投资不足现象；非控股大股东治理能够通过降低代理成本和提高非效率投资来提升公司价值。在控制了内生性问题、进行了变量替换、探讨了不同回归模型以及区分了企业性质和两权分离度的情况下，这些结论仍然成立。

非控股大股东治理影响公司价值的作用边界研究。本书采用门限模型分析了控股股东和董事会治理对非控股大股东治理的影响。研究发现：控股股东在三个方面影响非控股大股东的治理效应，分别为提升控股股东影响力会弱化非控股大股东治理与公司价值之间的正相关关系、会弱化非控股大股东治理与第一类代理成本之间的负相关关系、会强化非控股大股东治理与非效率投资之间的正相关关系。另外，董事会规模扩大会弱化非控股大股东治理与公司价值之间的正相关关系，相反，独立董事比例提高能够强化非控股大股东治理与公司价值之间的正相关关系。

非控股大股东治理经济后果研究。本书采用结构方程模型建立了非控股大股东影响公司价值的综合效应模型，通过综合效应模型来估算非控股大股东治理的经济后果。研究发现：非控股大股东治理能够显著地提升公司价值，每提升1单位非控股大股东的现金流权，能够提升1.81%的公司价值。其中，非控股大股东直接作用于公司价值的贡献率达82.87%，非控股大股东间接作用于公司价值的贡献率达17.13%。在间接作用中，非控股大股东通过减少第一类代理成本来增加公司价值的贡献率为1.10%，通过减少第二类代理成本来增加公司价值的贡献率为1.66%，通过增加非效率投资来增加公司价值的贡献率为14.37%。

目　录

第1章 绪 论

1.1 研究背景与意义

1.1.1 现实背景

2010 年 8 月 4 日，国美电器创始人及大股东黄光裕（持股 32.47%）发函要求召开临时股东大会撤销陈晓等人的高管职务，开启了国美控制权之争。5 日，国美电器宣布将就 2008 年 1 月及 2 月前后回购公司股份事宜对公司第一大股东及前任执行董事黄光裕提起法律诉讼，为其违反公司董事信托责任的行为寻求赔偿。9 月 28 日，国美电器特别股东大会召开，就黄光裕的提议作出表决，结果以陈晓为代表的利益群体获得胜利，并继续执掌国美。国美电器控制权之争到此结束了第一轮交锋。① 回顾第一轮交锋，国美控制权之争的起因无疑是第二大股东贝恩投资三个董事代表的连任问题在股东大会上遭黄光裕集团投票反对，但却获得了董事会一致同意并推翻了股东大会的决议。另外，以陈晓为代表的利益

---

① 徐细雄，刘星. 创始人权威、控制权配置与家族企业治理转型——基于国美电器"控制权之争"的案例研究 [J]. 中国工业经济，2012（2）：139－148.

群体能够在特别股东大会上获得胜利的关键也在于他们得到了持有国美电器9.98%股份的第二大股东贝恩投资的大力支持。实质上，国美控制权之争就是第一大股东和第二大股东之争。不管事件最终的结果如何，在这一事件中，非控股大股东的力量无疑得到了充分展现，这与以往的控股股东一股独大、中小股东"用脚投票"的现象具有本质的区别，国美控制权之争充分体现了非控股大股东对公司关键决策具有重大的影响力，这促使我们开始关注非控股大股东的治理作用。①

回顾中国企业改革的发展历程，股权分置改革无疑为非控股大股东在中国证券市场上发挥作用创造了制度条件。中国证券市场基于"为国有企业公司制改革服务"的定位开始并发展而来。初期，绝大部分的上市公司是由国有企业转化而来，为保证国有股份在这些上市公司中的绝对地位，证券市场实施了股权分置，即将股份分为流通股（主要为公众股）和非流通股（主要为国有股和法人股）。作为特殊时期的制度安排，股权分置对证券市场初期的发展起到了重要作用。但这一制度扭曲了资本市场的定价机制、限制了市场资源优化配置功能的发挥，使得非流通股和流通股之间呈现出"同股不同价、同股不同权和同股不同利"的扭曲现象。随着股权分置弊端的凸显，人们逐渐认识到进行股权分置改革的重要性和必要性。为此，证监会于2005年4月发布《关于上市公司股权分置改革试点有关问题的通知》，正式宣告了股权分置改革试点的启动。随后，紫江企业、三一重工、金牛能源以及清华同方4家上市公司率先试点，截至2007年6月，股权分置改革覆盖了96%的上市公司，我国股权分置改革基本完成。股权分

---

① 祝继高，王春飞. 大股东能有效控制管理层吗？——基于国美电器控制权争夺的案例研究［J］. 管理世界，2012（4）：138-152，158.

置改革的目标是变非流通股为流通股，从而使得二者之间的利益趋向一致，塑造全体股东的共同利益基础。因而，股权分置改革的完成具有重要意义：第一，通过股权集中度的降低形成较为合理的股权制衡结构，从而有利于发挥流通股的监督作用；第二，通过流通股比重的增大，使得流通股股东对公司运营产生更大的影响力，从而有利于流通股发挥代理权竞争机制和并购机制的效用；第三，统一股权性质，使得国有股和法人股等非流通股转化为流通股，使得股东的获利机制一致，迫使原非流通股股东关注公司治理水平的提升。简而言之，股权分置改革的完成为上市公司股权结构由"一股独大"向"一个控股股东、多个大股东和众多中小股东"转变提供了制度基础。

另外，对公司治理发展起到重要作用的法制建设至少可以追溯到美国 1933 年颁布的《证券法》。该法案要求公司必须向证券委员会出具注册登记书，注册登记书必须提供所有必要的信息，并且应该使新发行证券的所有买方知悉，以便投资者做出恰当的决策。为进一步实现交易的信息公平，1934 年的《证券交易法》将 1933 年法案的披露要求扩展到证券的市场交易过程中，披露的内容涵盖了公司报告、要约收购以及内部人交易等众多信息，使得交易人之间拥有公平信息。另外，1934 年法案要求公司的报告应包括年报、季报以及月报，从而构成整个报告体系。随后，由于安然、泰科、世通等公司的财务丑闻，美国国会基于保护投资者的目的，于 2002 年颁布了《萨班斯—奥克斯利法案》。该法案要求公司年报应该对内部控制结构以及财务报告进行评估，并要求公司管理层为公司财务报表的准确性负责。国内方面，中国证监会于 2001 年颁布了《关于在上市公司建立独立董事制度的指导意见》。该意见指出，上市公司应建立独立董事制度，并要求中国上市公司的独立董事至少占董事会的 1/3，其中至少包括一名会计专业人士。独立董事制度有利于改进公司的治理结构，提高董事会决策的科学性，提升董事会的制衡价值，增强上市公司信息透明度和披露的可靠性，从而保护中小股东的权益。2005 年，为推动管理层激励，中国证监会颁布了《上市公司股权激励办法（试行）》。该办法指出，"对于已完成股权分置改革的上市公司，可以按照该办法的相关要求来实施股权激励，建立健全激励与约束机制"，标志着中国上市公司正式实施股权激励制度。截至 2015 年 12 月 31 日，累计 675 家上市公司宣告并实施了股权激励计划。

1.1.2　理论背景

关于股权结构的研究至少可以追溯到伯利和米恩斯（Berle & Means，1932）的《现代企业与私有财产》一书，书中，伯利和米恩斯通过对美国公司股权结构与企业控制权关系的研究，指出股权分散程度的增加必然导致股东控制企业难度加大，从而使得管理层的实际控制权增加。然而，直到詹森和麦克林（Jensen & Meckling，1976）发表的《企业理论：管理行为、代理成本和所有权结构》（Theory of the firm：Managerial behavior，agency costs and ownership structure）一文，文中，詹森和麦克林基于分散的股权结构假设，指出所有权与控制权分离会导致股东与管理层之间出现代理问题，带来公司价值降低。至此，公司治理引起广泛关注（Zwiebel，1995；Berger et al.，1997；Lins，2003；Chang et al.，2014）。后来，波尔塔等（La Porta et al.，1999）指出，在发展中国家，"一股独大"的股权集中结构广泛存在，并基于这一结构，指出了大股东和中小股东之间的代理问题是公司治理研究的重点。在深入分析大股东治理效应的过程中，莫里和帕尤斯特（Maury & Pajuste，2005）、莱温和莱文（Laeven & Levine，2007）、阿提卡等（Attig et al.，2009）将他们的视野从股权结构集中的假设转向了多重股权结构假设，即存在"一个控股股东、多个大股东"的股权结构，其中，特别关注非控股大股东（即多重股权结构中的多个大股东）的治理效应，探讨其是否是中小股东利益可靠的代表和保护者，抑或是控股股东的附庸者。实际上，多重控股股东结构广泛存在（见表 1 - 1）。

表 1 - 1　　东亚地区家族上市公司的股权结构分布

经济体	均值					样本时间	数据来源
	变量 1	变量 2	变量 3	变量 4	变量 5		
日本	0.36	0.07	0.60	0.10	0.11	1996 年	克莱森斯等 (Claessens et al. , 2000)
韩国	0.43	0.14	0.86	0.18	0.18	1996 年	阿提卡等 (Attig et al. , 2009)
新加坡	0.55	0.20	0.79	0.63	0.69	1996 年	古铁雷斯和庞波 (Gutierrez & Pombo, 2009)
印度尼西亚	0.67	0.26	0.79	0.54	0.65	1996 年	罗等 (Luo et al. , 2013)
马来西亚	0.39	0.24	0.85	0.58	0.81	1996 年	
菲律宾	0.40	0.21	0.91	0.63	0.69	1996 年	
泰国	0.13	0.33	0.94	0.89	1.59	1996 年	
中国	0.84	0.22	0.65	0.49	0.63	2004～2007 年	
中国台湾	0.49	0.16	0.83	0.48	0.67	1996 年	
中国香港	0.25	0.24	0.88	0.29	0.35	1996 年	

注：变量 1 为哑变量，当第一大股东通过控制链获得超额控制权时取 1，其他取 0；变量 2 为第一大股东的现金流权；变量 3 为第一大股东现金流权和控制权的比率；变量 4 为哑变量，除第一大股东外，存在其他大股东的投票权超过 10% 时取 1，其他为 0；变量 5，除第一大股东外，投票权超过 10% 其他大股东的个数。

资料来源：罗等（Luo et al. , 2013）。

回顾相关文献发现，关于非控股大股东与公司价值的研究存在相互竞争的观点，即存在监督和堑壕两种相互竞争的治理效应（Zwiebel，1995；Pagano & Roell，1998；Maury & Pajuste，2005；Laeven & Levine，2007；Attig et al. , 2009，2013）。监督效应指

出，非控股大股东能够有效地降低控股股东的隧道行为（Maury &
Pajuste，2005；Laeven & Levine，2007；Attig et al.，2013），从而
扮演有效的监督者角色（Bennedsen & Wolfenzon，2000）。这些研
究认为，非控股大股东由于高额的退出成本，使得其更愿意积极
参与公司的治理，如大量出售股票导致的价格波动、交易成本、
税收波动等高额成本使得非控股大股东更愿意成为积极的监督者
（Young et al.，2008；Mishra，2011；Attig et al.，2013；Barroso et
al.，2016）。但是，科宁等（Konijn et al.，2011）、郑等（Cheng
et al.，2013）以及阿卢赫纳和卡明斯基（Aluchna & Kaminski，
2017）则对非控股大股东的监督效应提出了质疑，认为非控股大
股东可能和控股股东相互勾结，从而共同侵占和瓜分中小股东的
利益。甚至，茨维伯尔（Zwiebel，1995）、戈麦斯和诺瓦伊斯
（Gomes & Novaes，2005）等认为，单个大股东的存在可能更有利
于企业决策效率的提升。

区别于这些研究所关注的发达国家资本市场，中国上市公司
环境具有独特的治理特征。一方面，中国大部分的上市公司由国
有企业改制而来，国有控股在这些企业中仍发挥着重要的作用
（Liu et al.，2015）；另一方面，和众多的发展中国家一样，中国
上市公司的股权仍然比较集中，且中小股东的保护机制仍不健全
（Jiang et al.，2010），这就导致了非控股大股东在中国上市公司的
治理可能表现出独有的现象。为此，基于相互竞争的治理效应以
及中国上市公司独特的特征，本书探讨了非控股大股东在中国上
市公司的治理效应。

1.1.3 研究意义

为分析中国上市公司非控股大股东的治理效应，本书选取
2007~2016 年沪深主板市场 1012 家上市公司为样本，以非控股大

股东的现金流权、控制权竞争力以及关联董监来衡量非控股大股东的治理能力，分析非控股大股东对公司价值的影响效应，揭示非控股大股东治理的作用路径（代理成本和投资效率），探讨非控股大股东治理的作用边界（控股股东和董事会治理），并进一步估算非控股大股东治理的经济后果，从而勾勒出中国上市公司非控股大股东治理角色。因此，本书具有明显的理论意义和实践意义。

1.1.3.1 理论意义

首先，丰富了非控股大股东治理能力的衡量指标。本书通过对非控股大股东治理能力衡量指标的分类整理，发现以往研究主要是从股东的现金流权和控制权竞争力两个角度对非控股大股东治理能力进行衡量。这样虽然理清了股东的权利属性，但也存在明显的缺陷：第一，以往的研究并没有考虑非控股大股东与控股股东之间关联关系的存在是否会对研究结果造成影响。显然，非控股大股东是否与控股股东存在关联关系会影响其对控股股东决策和行为的态度，如果两者存在关联关系，那么两者采取一致行动的可能性很高；如果两者不存在关联关系，那么两者之间的协商成本会增加，相互监督更可能出现。第二，没有探讨非控股大股东参与公司治理的积极性对其治理效应的影响。与不积极参与公司治理的非控股大股东相比，积极参与公司治理的非控股大股东能够对企业的决策产生更显著的影响。针对以上缺陷，本书首先根据股东之间的关联关系，将关联股东的持股比例合并计算，以合并计算的结果和年报中控制人信息来重新排序上市公司的股东顺序，并以此计算了非控股大股东与控股股东的现金流权和控制权竞争力。另外，鉴于大股东常采用关联董事或监事作为代理人，并以此来监督内部人行为和确保自身利益，本书进一步手动收集了大股东关联董监的信息，将关联董监作为衡量非控股大股东治理积极性的一个重要指标。总的来说，在控制了股东关联关系的情况下，本书选用了三个方面指标来衡量非控股大股东的治理能力：现金流权、控制权竞争力以及关联董监。

其次，勾勒了中国上市公司非控股大股东治理角色。股权分散带来管理层与股东之间的代理问题，研究的重点在于如何激励与监督管理层；股权集中带来股东与股东之间的代理问题，如何限制控股股东的侵占效应成为研究的重点。事实上，除了分散的股权结构与集中的股权结构之外，"一个控股股东、多个大股东"的多重股权结构也广泛存在。然而，以往大多数研究都忽视了多重股权结构的治理效应，特别是忽视了多重股权结构中的非控股大股东治理效应。基于这样的背景，本书探讨了非控股大股东治理角色。研究结果表明，非控股大股东治理能够显著地提升公司价值；但同时，非控股大股东表现出相互竞争的治理效应，即同时存在监督效应和堑壕效应，具体表现为非控股大股东治理既能够缓解公司的两类代理问题，又会恶化公司的非效率投资水平。进一步的研究发现，控股股东和董事会治理在不同程度上影响着非控股大股东的治理效应，控股股东影响力的强化会弱化非控股大股东治理的监督效应，同时会强化其堑壕效应；另外，董事会治理效率的提升会强化非控股大股东治理的监督效应。

1.1.3.2 实践意义

首先，为公司构建合理股权结构提供了新的思路。由于中国经济发展的独特特征，中国公司以往倾向于采用较为集中的股权结构，股权集中虽然能够在一定程度上缓解股东与管理层之间的代理问题，但也会带来严重的股东与股东之间的代理问题，控股股东通过金字塔结构、交叉持股、同股不同权等手段获得超额控制权，并利用超额控制权追求超额私有收益，侵占中小股东的利益。本书的研究结论表明，非控股大股东治理不仅能限制股东与管理层之间的代理问题，也能够缓解股东与股东之间的代理问题，从而改善公司治理，带来公司价值的提升；但也应看到，非控股大股东治理也存在消极效应，会带来企业非效率投资的提升。因此，公司在股权结构改革和引入外部投资者时，应综合考虑各类股权结构的特征及其对公司行为的影响，权衡非控股大股东治理带来的成本和收益，从而构建合理的股权结构。

其次，对于完善股东参与公司治理的制度建设提供了有益参考。伴随着中国资本市场的不断发展和完善，关于投资者保护的制度建设越来越受到重视，并不断以法律法规的形式予以颁布和执行。然而，中国资本市场上的投资者保护制度建设仍有极大的提升空间，尤其是近年来，股东参与公司治理的积极性不断提高，而公司通过董事会决议和修改公司章程等方式限制股东参与公司治理、剥夺股东合法权利的事件却层出不穷，因而，明晰股东权利、理清股东参与公司治理的机制就显得尤为重要。本书的研究结论表明，非控股大股东治理能够显著提升企业的公司价值，但同时，非控股大股东的治理效应表现出两面性，其既能够有效限制公司的两类代理成本，又会提升企业的非效率投资水平，这表明非控股大股东总体上具有积极的治理效应，但其并不会总是和中小股东站在统一战线去监督和限制控股股东和管理层的行为，其积极或消极的治理效应取决于其自身的得与失。这些结论为理清非控股大股东参与公司治理的机制提供了重要依据，为限制控股股东利益侵占、完善股东参与公司治理、切实保护投资者合法权益的制度建设提供了有益参考，如何发挥非控股大股东治理的积极效应、限制其消极效应将是以后有关政策制定需要考虑的重要问题。

1.2 研究目的

股权分置改革后，中国上市公司股权结构由传统"一股独大"的股权集中结构向"一个控股股东、多个大股东"的多重股权结构发展，然而，国内研究却缺乏对多重股权结构的研究，特别是缺乏对非控股大股东治理效应的研究。为此，为评估中国上市公司非控股大股东的治理效应，打开非控股大股东治理与公司价值关系的"黑箱"，本书采用中国上市公司数据实证分析非控股大股东对公司价值的影响。具体来说，本书的研究目的包括以下几个方面。

（1）分析中国上市公司非控股大股东能否有效提升公司价值。以往关于非控股大股东治理与公司价值关系的研究表明，非控股大股东存在相互竞争的治理效应，其既可能通过监督控股股东和管理者的自利行为来提升公司价值（Maury & Pajuste，2005；Laeven & Levine，2007；Attig et al.，2013；Barroso et al.，2016），又可能与控股股东合谋侵占中小股东利益并导致公司价值下降（Konijn，2011；Chen，2013；Aluchna & Kaminski，2017）。另外，中国上市公司本身的独特特征也使得非控股大股东治理在中国可能存在复杂的治理效应：一方面，大部分中国上市公司由国有企业改制而来，国有股份在这些公司中仍然存在重要的影响（Liu et al.，2015）；另一方面，尽管经过股权分置改革，中国上市公司的股权仍然相对集中。这些特征使得中国的非控股大股东治理面临着复杂的环境。那么，在这样的环境中，中国上市公司非控股大股东治理能否提升公司价值？这是本书需要回答的首要问题，也是后续研究的基础。

（2）揭示非控股大股东如何提升中国上市公司价值。非控股大股东除了直接影响公司价值外，还可能通过其他路径来间接影响公司价值，这些路径可能包括影响公司的股利分配政策（Attig et al.，2008）、控股股东的隧道效应（Boateng & Huang，2017）以及企业的投资效应（Jiang et al.，2018）等。在梳理这些观点的基础上，本书从"开源节流"的思路出发，选择代理成本和投资效率作为间接影响的路径，实证分析非控股大股东对代理成本和投资效率的影响，从而揭示非控股大股东对公司代理成本和投资效率的影响以及由此带来的公司价值的变化。为此，本书需要回答两个问题：非控股大股东治理能否降低公司代理成本？非控股大股东治理能否提升公司投资效率？对这两个问题的回答构成了本书研究非控股大股东治理影响公司价值作用路径的主体内容。

（3）探讨其他治理因素对非控股大股东治理效应的影响。公司治理机制包括一套正式的或非正式的、内部的或外部的制度或机制，这些机制之间的相互作用共同构成了企业的治理体系。在这个体系中，任何治理机制效应的发挥都受到其他机制的影响和制约，单个治理机制的过度使用对企业来说不一定能取得良好的效果（Agrawal & Knoeber，1996），更有甚者，可能出现负的治理效应，最优的治理机制应该是基于互动关系的不同治理机制的多元组合。延续这一思路，非控股大股东治理内生于特定的组织环境中，其治理效应的发挥离不开控股股东和董事会等关键治理主体的影响和制约。在我国上市公司股权相对集中的背景下，控股股东在非控股大股东治理效应实现的过程中发挥着怎样的作用，两者是相互监督还是相互勾结？此外，在我国上市公司外部治理机制不健全的背景下，董事会能否强化非控股大股东的治理效应？这些都是确定非控股大股东治理效应是否稳健的关键问题。

1.3 研究思路与结构安排

1.3.1 研究思路

本书依据"影响效应—影响路径—影响边界—经济后果"的研究思路，选取 2007～2016 年沪深主板市场 1012 家上市公司为样本来研究非控股大股东在中国上市公司中的治理效应。以非控股大股东的现金流权、控制权竞争力和关联董监衡量非控股大股东治理能力，分析非控股大股东治理对公司价值的影响效应，揭示非控股大股东治理影响公司价值的作用路径（代理成本和投资效率），探讨非控股大股东治理的作用边界（控股股东和董事会治理），并进一步估算非控股大股东治理的经济后果，从而勾勒出中国上市公司非控股大股东治理角色。

非控股大股东治理对公司价值的影响研究。鉴于非控股大股东存在相互竞争的治理效应，即同时存在监督效应和堑壕效应，本书采用面板数据非线性模型和 F 检验来探讨非控股大股东治理对公司价值的影响效应。在整个实证分析过程中，为了确保研究结果的稳定性，本书进行了一系列的测试，其中，利用倾向匹配得分和工具变量法控制内生性，采用变量替换、多种模型回归以及根据代理问题的差异拆分样本来进行稳健性检验。

非控股大股东治理影响公司价值的作用路径研究。考虑到公司治理研究的目的是实现股东财富最大化，要实现这一目标，对公司来说就是要做到"节流"和"开源"。所以，本书选取代理成本和投资效率作为非控股大股东治理的影响路径来探讨其对公司价值的影响，实证分析非控股大股东对第一类代理成本、第二类代理成本、非效率投资、过度投资以及投资不足的影响。

非控股大股东治理影响公司价值的作用边界研究。鉴于仅从单一机制角度出发研究非控股大股东治理效应可能造成研究结果出现偏差，本书从公司治理的内部机制出发，通过门限结构模型分析了控股股东和董事会治理对非控股大股东治理效应的影响，以探讨非控股大股东治理的作用边界。

非控股大股东治理经济后果研究。衡量非控股大股东治理效应最根本的是衡量其对公司价值的影响，无论是对代理成本还是投资效率的影响，抑或是对公司价值的直接影响，最终的落脚点都在于衡量其对公司价值的影响。为此，本书采用结构方程模型将非控股大股东对公司价值、代理成本以及投资效率的影响纳入统一的框架内，综合分析非控股大股东对公司价值的影响。通过这个框架，不仅检验了非控股大股东对公司价值的直接作用路径，还进一步分析了"非控股大股东—代理成本—公司价值""非控股大股东—投资效率—公司价值"的间接作用路径，并通过结构方程模型估算了非控股大股东的经济后果。

本书具体的研究思路如图 1 - 1 所示。

1.3.2 研究结构安排

基于上述的研究思路，本书的结构安排如下。

第 1 章，绪论。本章主要介绍本书的研究背景与意义、研究目的、研究思路与结构安排、研究方法以及本书的创新点。

第 2 章，文献综述和理论基础。首先，本章从股权结构认知演变对公司价值的影响、非控股大股东治理对代理成本的影响、非控股大股东治理对投资效率的影响、非控股大股东治理效应影响因素四个方面详细梳理了相关文献。其次，介绍公司治理理论、信息不对称理论和委托代理理论等相关理论基础。

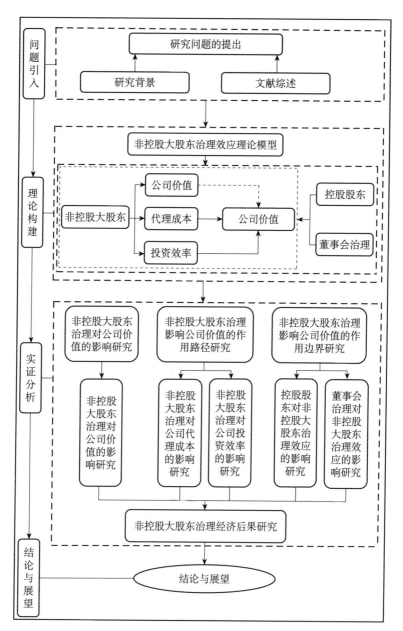

图1-1 本书的研究思路

第 3 章，非控股大股东治理影响公司价值的理论分析。本章首先对非控股大股东治理和公司价值进行界定和度量，然后在此基础上分析非控股大股东治理影响公司价值的作用机理。

第 4 章，非控股大股东治理对公司价值的影响研究。现有研究表明，非控股大股东治理存在相互竞争的治理效应，即监督效应和堑壕效应。为此，本章从面板数据非线性模型出发，结合模型的回归结果和 F 检验的结果，探讨非控股大股东治理对公司价值的影响。

第 5 章，非控股大股东治理影响公司价值的作用路径研究。本章实证分析非控股大股东治理影响公司价值的两条路径，即分析非控股大股东治理对代理成本（第一类代理成本和第二类代理成本）和投资效率（非效率投资、过度投资以及投资不足）的影响，以期从代理成本和投资效率的角度探讨非控股大股东影响公司价值的作用路径。

第 6 章，非控股大股东治理影响公司价值的作用边界研究。本章引入门限模型分析控股股东和董事会治理对非控股大股东治理效应的影响，以期探讨非控股大股东治理效应的作用边界。

第 7 章，非控股大股东治理经济后果研究。本章采用结构方程模型构建非控股大股东治理综合影响模型，以期通过综合影响模型来估算非控股大股东治理的经济后果。

第 8 章，结论与展望。本章总结本书的基本结论，并对今后的研究方向进行展望。

1.4　研究方法

1.4.1　文献研究法

关于股权结构与公司价值关系的文献卷帙浩繁，学者们积累了丰富的研究成果。在这些研究的基础上，本书从股权结构认知演变对公司价值影响的角度出发，详细论述了股权结构研究的发展脉络，凸显了非控股大股东治理研究的重要性和必要性。进一步，本书通过非控股大股东治理对公司代理成本的影响研究、非控股大股东治理对公司投资效率的影响研究以及非控股大股东治理效应的影响因素研究三个角度仔细梳理了相关文献，详细论述了非控股大股东治理的影响效应、作用路径以及作用边界。总的来说，通过这些文献的整理为本书的研究提供了理论基础。

1.4.2　规范分析

规范分析是指以规范法学为基础，对经济行为和经济政策造成的后果进行价值判断的研究方法，主要解决"应该是什么"的问题。

公司治理理论体系包含信息不对称理论、委托代理理论、经济人假设理论，利益相关者理论等，本书的研究对象股权结构治理理论蕴含在公司治理体系中，通过汲取公司治理理论体系的经典，本书发展了以往股权分散和股权绝对集中的股权结构认知，提出了多重股权结构治理，研究了非控股大股东在公司治理中的角色扮演，为后续的实证研究奠定理论基础。

1.4.3　实证研究

实证分析主要通过研究模型变量之间的内在联系来探讨事物运行的内在逻辑，分析和判断事物的发展方向，以回答"是什么"的问题。

基于公司治理理论体系，本书先后从三个方面实证分析了非控股大股东的治理效应：第一，实证分析了非控股大股东治理对公司价值的影响效应；第二，从代理成本和投资效率两条路径出发，实证分析了非控股大股东影响公司价值的作用路径；第三，从控股股东和董事会治理两个角度出发，实证分析了非控股大股东治理的作用边界。通过以上三个方面的实证分析来阐述非控股大股东治理角色。

1.5　创新点

本书的创新点主要体现在以下几个方面。

第一，补充了股权结构治理研究新的内容。股权结构治理一直都是公司治理研究的核心内容，但以往的研究主要基于股权分散或股权绝对集中的假设。在股权分散假设中，学者们主要关注如何缓解管理层代理问题；在股权绝对集中的假设中，学者们主要关注如何缓解控股股东利益侵占问题。然而，随着股权分置改革的进行，中国上市公司的股权从"一股独大"转向"一个控股股东、多个大股东和众多中小股东"的多重股权结构。因此，本书在多重股权结构假设下，主要研究非控股大股东的治理角色，以补充关于多重股权结构治理研究的相关内容。本书以非控股大股东的现金流权、控制权竞争力以及关联董监来衡量非控股大股东的治理能力，实证分析了非控股大股东对公司价值的影响。研究结果表明，非控股大股东治理与公司价值之间存在显著的正相关关系，且非控股大股东治理能够通过降低公司的代理成本或提升企业的非效率投资水平来提升公司价值。

第二，增添了非控股大股东治理堑壕效应新的证据。以往关于非控股大股东治理的研究主要关注其监督效应方面，相关研究指出，非控股大股东能够通过激发监督活力和展开控制权竞争等形式形成股东之间的权力制衡，以约束内部人的隧道行为，带来公司价值的提升。本书的研究结果也证明了非控股大股东治理存在监督效应，即非控股大股东治理能够显著降低企业的两类成本。但是，本书的研究结果还表明，非控股大股东治理会提升企业的非效率投资水平，特别是非控股大股东治理能力的提升能够显著地增加上市公司的过度投资水平。出现这一现象的原因，可能在于非效率投资的高风险往往能带来高收益，且这些超额投资收益往往由股东独享，而投资成本则有很大一部分会转嫁给债权人等利益相关者，收益和成本不对等的情况促使非控股大股东追求超额私有收益，表现出堑壕效应。非控股大股东治理效应的两面性表明其不会总是与中小股东站在统一战线去保护中小股东的利益，其积极或消极的治理效应取决于其自身的利益得失。

第三，探讨了控股股东和董事会治理对非控股大股东治理效应的影响。以往的实证研究遵从"非控股大股东治理与公司价值""非控股大股东治理与企业代理成本""非控股大股东治理与企业投资效率"这样的经典范式，没有考虑其他因素对非控股大股东治理效应的影响。为了弥补这一缺陷，本书采用门限模型，引入控股股东和董事会治理来探讨其对非控股大股东治理效应的影响。研究结果表明：控股股东影响力的加强会弱化非控股大股东治理与公司价值之间的正相关关系，会弱化非控股大股东治理与第一类代理成本之间的负相关关系，会强化非控股大股东治理与非效率投资之间的正相关关系；董事会规模扩大会弱化非控股大股东治理与公司价值之间的正相关关系，独立董事比例提升会强化非控股大股东治理与公司价值之间的正相关关系。

第 2 章　文献综述和理论基础

2.1　文献综述

2.1.1　股权结构认知演变对公司价值的影响研究

股权结构是指公司股权比例配置的结构，即各种不同性质的股份所占的比例及其相互之间的关系，包括股权构成和股权集中度两层含义。股权构成是指不同性质股份的多寡构成，在我国主要指国有股、法人股以及社会公众股所占的比例。股权集中度指各股东持股的相对比例，现阶段主要包括：第一，股权高度集中，公司存在绝对的控股股东，即其持股比例在 50% 以上，对公司具有绝对的控制权；第二，100% 分散的股权结构，公司不存在持股比例大于 10% 的股东，公司的所有权与经营权处于分离的状态；第三，多重股权结构，即存在相对控股股东（持股比例为 10% ~ 50%），又存在其他具有较强影响力的大股东（一般指持股比例在 5% 以上的股东）。下文将根据股权集中度的分类来阐述相关研究现状。

2.1.1.1　分散的股权结构对公司价值的影响

一般而言，理想的公司治理体制能够完成以下各项职能（郑红亮，1998）：第一，给予管理者足够的决策自由权；第二，确保管理者的决策以股东利益最大化为目标；第三，管理者知悉股东的目标，股东掌握足够的信息以监督管理者行为，且当管理者偏离目标时，股东有足够的控制力来纠正管理者行为；第四，股东完全独立于管理者，股票能够自由交易，实现投资自由流动。

然而，在股权分散情况下，每个股东仅持有少量的股份，任何股东都难以给企业带来实质性的影响。另外，由于完全监督管理者行为的成本过高，而收益却在所有股东之间分配，导致任何一个股东都缺乏动力和能力去监督管理者行为，股东之间出现"搭便车"现象（Shleifer & Vishny，1986）。在这样的情况下，企业的实际控制权落在内部人的手上，股东不能对管理者的行为形成实质性的约束力，管理者在董事会提名和企业经营方面居于主导地位，出现"内部人控制"问题（孙永祥和黄祖辉，1999）。在企业所有权和控制权分离的情况下，管理者为追求自身的利益偏离股东利益最大化，出现"逆向选择"和"道德风险"问题，带来管理者与股东之间严重的代理问题，导致企业管理的低效率和公司价值的降低（Jensen & Meckling，1976）。因而，基于分散的股权结构，公司治理研究的重点在于如何缓解管理层与所有者之间的代理问题，即如何监督和激励管理层，促使管理层与所有者的利益趋同，从而实现公司价值最大化（Jensen & Meckling，1976）。

对管理者行为的监督可以简单地分为两类，即"外部治理机制监督"和"内部治理机制监督"。外部治理机制监督主要是通过影响企业的股票价格波动来实现（王培林等，2007；姜付秀等，2009；韩忠雪和周婷婷，2011），伴随股东用"脚"投票现象。内部治理机制监督则主要涉及股权结构、董事会对管理者行为的监督（高雷和宋顺林，2007；肖坤和秦彬，2009；吕景胜和邓汉，

2010；肖坤和刘永泽，2010），出现股东用"手"投票行为。实际上，由于信息不对称的存在，全面监督管理者行为是不可取的，或者说实现全面监督的成本过高，所以缓解管理者与股东之间的代理问题更主要的还是在于激励管理者，促使其与股东利益一致。

对管理者的激励主要包括两个方面，即股权激励和薪酬激励。区别于薪酬激励的短期效果，更多的学者将目光聚焦于管理者的股权激励，但股权激励是否能提升公司价值并未获得一致的结论。詹森和麦克林（Jensen & Meckling，1976）认为，管理层持股有利于降低代理成本，从而提高公司价值。而法马和詹森（Fama & Jensen，1983）指出，管理层股权激励存在负的公司治理效应。莫克等（Morck et al.，1988）、麦康奈尔和塞尔瓦（McConnell & Servase，1990）、巴恩哈特和罗森斯坦（Barnhart & Rosenstein，1998）、肖特和凯西（Short & Keasey，1999）、库伊和马克（Cui & Mark，2002）、格里菲思等（Griffith et al.，2002）、刘剑和谈传生（2005）、李新春等（2008）则认为，管理层持股水平与公司价值之间存在非线性关系。德姆塞茨（Demsetz，1983）将内生性问题引入管理层持股与公司价值关系的讨论，指出所有权结构是公司竞争性选择的结果，是各种成本与利益的相互作用促成的股权结构平衡，因此股权结构与公司价值之间不存在系统的相关性。

2.1.1.2　集中的股权结构对公司价值的影响

以往的研究表明，集中的股权结构存在相互竞争的公司治理效应。一方面，很多学者认为，股权集中能够使得股东更有效地监督管理层行为，避免管理层的"逆向选择"和"道德风险"问题，从而提升公司价值。詹森（Jensen，1993）从委托代理理论的角度出发，认为大股东为保护自身的利益，集中的股权结构能够促使股东更有效地监督管理层行为，从而降低管理层的代理成本，带来公司价值提升。施莱费尔和维什尼（Shleifer & Vishny，1986）

依据"大股东监督"的观点，认为股权集中能够对管理层的监督产生积极效应，以减少管理层的自利行为，从而支持股权的集中能够提升公司价值的观点。陈（Chen，2001）利用中国制造业的数据，也发现了股权集中度与公司价值之间存在显著的正相关关系。国内方面，张红军（2000）通过研究股权集中度与托宾值（Tobin's Q）之间的关系，发现股权集中度与公司价值之间存在显著的正相关关系。朱武祥和宋勇（2001）以第一大股东持股比例来衡量股权集中度也得到类似结论。安烨和钟廷勇（2011）以沪深 A 股制造类企业 373 家上市公司为对象，证明了股权集中度显著地正相关于公司价值，且这一关系在不同性质的企业中仍然存在；而控制权竞争力与公司价值存在显著负相关关系，控制权竞争力的增加能够限制大股东的侵占效应，从而降低控股股东的"隧道效应"。燕玲（2012）发现，股权集中促使大股东有动力去监督管理层行为，规范公司的运作，从而提高公司的治理效率。刘新燕等（2013）研究公司的治理结构与公司价值的关系，发现适度的股权集中有利于降低中小股东的"搭便车"现象，提升企业监督管理层行为的有效性。

另一方面，部分学者认为，股权集中对公司价值无显著影响。德姆塞茨（Demsetz，1983）在控制了内生性问题后，实证结果表明，股权结构与公司价值不存在显著的相关关系，其认为股权结构是证券市场进行股权交易形成的，是股东为追求利益最大化而形成的结果，因而股权结构的集中或分散，并不会对企业的价值产生系统的影响。莫克等（Morck et al.，1988）同时采用市场利润和会计利润衡量公司价值，分析了公司价值与股权结构的关系，也发现两者之间不存在显著的关系。巴加特和博尔顿（Bhagat & Bolton，2008）则认为，股权集中对公司价值的影响存在一个限度，当大股东的持股比例超过这一限度，才会对公司的价值产生影响。

更有甚者，部分学者发现，股权集中度与公司价值之间存在负相关关系。施东辉（2000）发现，股权集中度较低的公司其净资产收益率和市净率与股权集中度较高的公司相比相对较高，因此其认为，股权集中度与公司价值之间存在负相关关系，并提出股权分散更有利于公司盈利能力提升的观点。克莱森斯和法恩（Claessens & Fan，2002）发现，控股股东会通过现金流权和控制权的偏离来侵占公共利益，损害中小股东利益，使得公司价值降低，从而证明了股权集中度与公司价值存在负相关关系的观点。刘锦红（2009）以民营公司为研究样本，也发现实际控制人的最终控制权和现金流权与公司价值创造能力呈现负相关关系，且两者之间的偏离程度与公司价值创造能力也呈现负相关关系。曹裕等（2010）从企业生命周期理论出发，研究了实际控股股东的最终控制权、两权分离度以及现金流权对公司价值创造力的影响，发现公司的价值创造力与最终控制权以及现金流权存在负相关关系，且在企业的成长期和成熟期，两权分离度与公司价值呈负相关关系，但在企业的衰退期呈正相关关系。谭兴民等（2010）、徐文学和陆希希（2014）等学者也发现股权集中度与公司价值负相关的证据。

2.1.1.3　多重股权结构对公司价值的影响

波尔塔等（La Porta et al.，1999）将持有公司 10% 及以上投票权的股东称为大股东，将存在两个及两个以上持有上市公司 10% 及以上投票权的股东而没有绝对控股股东（持股比例大于 50%）的股权结构称为多重股权结构。波尔塔等分析了 27 个国家的 600 家上市公司，发现其中 1/4 的公司有两个或两个以上的大股东。法乔和朗（Faccio & Lang，2002）从 5232 个样本公司中发现了 39% 的公司有至少两个大股东。莱温和莱文（Laeven & Levine，

2007）从欧洲上市公司的 1657 个样本公司中也发现了 34% 的上市公司有至少两个大股东。本 – 纳斯尔等（Ben-Nasr et al.，2015）也发现 34.1% 的法国上市公司有至少两个大股东。从这些文献可知，多重股权结构在上市公司中广泛存在。

毫无疑问，多重股权结构研究的着力点就在于探讨非控股大股东治理的角色扮演问题。帕加诺和罗尔（Pagano & Roell，1998）指出，存在两个或两个以上的大股东有利于减少来自控股股东的过度监督行为，从而提升企业的价值。班纳森和沃尔芬森（Bennedsen & Wolfenzon，2000）发现，采用多重股权结构的原始股东结构明显有利于减少一股独大的控股股东的侵占行为。莫里和帕尤斯特（Maury & Pajuste，2005）在研究民营企业时发现，家族控股比例较高会降低企业的价值，而其他性质股东控股较高时会提升公司价值。戈麦斯和诺瓦伊斯（Gomes & Novaes，2005）在考虑了公司特征和法律约束的条件下研究发现，当一个投资机会内部人无法评估时，一股独大的股权结构有利于企业决策，而当一个投资机会外部人无法评估时，非控股大股东的存在更有利于投资决策。埃德曼斯和曼索（Edmans & Manso，2010）则认为，非控股大股东与控股股东之间的相互竞争能够使得价格包含更多的信息，且规则的威胁使得这些信息更可靠，从而促进企业管理的提升。王运通和姜付秀（2017）则认为，非控股大股东持股比例越高、大股东之间持股分散度越低，非控股大股东越容易发挥其监督效应。

聚焦于多重股权结构的研究揭示非控股大股东具有相互竞争的治理效应，即同时存在监督效应和堑壕效应。赵景文和于增彪（2005）、伊萨科夫和魏斯科普夫（Isakov & Weisskopf，2009）等研究发现，存在多个大股东的公司其价值要大于单个大股东的公司价值。莫里和帕尤斯特（Maury & Pajuste，2005）、莱温和莱文

（Laeven & Levine，2007）、阿提卡等（Attig et al.，2009）则证明了大股东之间投票权差距越小，公司的价值越高。这些研究结论表明，非控股大股东具有积极的监督效应。然而，特里博等（Tribo et al.，2007）采用非控股大股东的人数来勾勒其治理效应，得出非控股大股东与企业投资效率之间存在负相关关系。科宁等（Konijn et al.，2011）也发现，大股东的分布与公司价值之间呈现负相关关系的证据。郑等（Cheng et al.，2013）从非控股大股东与控股股东的关系出发，发现非控股大股东与控股股东之间存在关系（个人关系、工作关系、所有权关系）会降低公司价值。埃德曼斯（Edmans，2014）、狄伦和罗塞托（Dhillon & Rossetto，2014）认为，非控股大股东持股比例提升会强化其对控股股东行为的监督"压力"，使得控股股东趋于保守，从而产生"过度监督"效应。这些研究结果支持非控股大股东存在堑壕效应的观点。

综上所述，股权结构认知的变化带动着公司治理研究重点的变迁。股权结构分散的认知促使所有权与管理层分离所产生的第一类代理问题成为公司治理研究的重点，旨在探讨如何有效监督和激励管理层。股权结构集中的认知使得公司治理研究的重点转向控制权和现金流权分离所产生的第二类代理问题，以试图了解和把握控股股东所扮演的治理角色。区别于股权分散和股权集中，实际上，还存在"一个控股股东、多个大股东和众多中小股东"的多重股权结构，其中，学者们特别关注非控股大股东（即多重股权结构中的多个大股东）的治理效应。但是现有关于非控股大股东治理效应的研究并未得到一致的结论，非控股大股东存在相互竞争的治理效应，即监督效应和堑壕效应，这就为本书研究非控股大股东治理对公司价值的影响提供了契机。另外，由于以往中国上市公司股权高度集中的特征，造成国内公司治理研究长期以来忽视非控股大股东治理效应的现实，这促使本书着力于股权分置改革后中国环境下的非控股大股东治理效应研究。

2.1.2 非控股大股东治理对公司代理成本的影响研究

2.1.2.1 第一类代理成本的影响研究

对代理成本的研究至少可以追溯到伯利和米恩斯（Berle & Means，1932）。伯利和米恩斯的研究指出，所有权和控制权分离是现代企业的特征。随后，詹森和麦克林（Jensen & Meckling，1976）基于委托代理理论，指出控制权和所有权的分离会导致管理者利用信息优势追逐私利，引发第一类代理成本。在詹森和麦克林的研究中，其开创性地对第一类代理成本进行了定义，认为第一类代理成本包括以下几个方面：第一，监督成本，即委托人为监督代理人行为所发生的测度和监察成本；第二，担保成本，即代理人保证不侵占委托人利益所发生的担保成本；第三，剩余损失，即代理人决策偏离委托人利益最大化造成的剩余损失。盛墨（1990）则认为，企业的代理成本分为控制成本、保证成本和偏离成本，其中，控制成本指股东采用审计和法规等手段约束管理层行为以促进企业合规经营带来的成本，保证成本指因建立内部管理制度和采用先进技术等产生的、保证代理人活动与股东利益一致的成本，偏离成本指管理者决策偏离股东利益最大化引发的成本。在第一类代理成本成因的探讨上，周霞（2001）认为，管理者为追求自身利益最大化，通过卸职、在职消费等方式侵害股东利益，提升代理成本。道尔顿等（Dalton et al.，2007）认为，代理问题源于管理者的权利寻租行为引发的股东与管理者利益冲突。别布丘克等（Bebchuk et al.，2008）指出，管理者能够通过章程修订限制、防止敌意收购、黄金降落伞等构建防御壕沟，随着防御壕沟的加强，代理成本随之增加。在第一类代理成本的衡量上，简新华（1998）指出，所有权与控制权分离必然带来代理成本，这些代理成本可能包括监督成本、选聘费用、薪资报酬以及在职消费等。昂等（Ang et al.，2000）认为，资产周转率、财务费用率、营业费用率和管理费用率等都可以衡量股东与管理层之间的代理成本。费莱明等（Fleming et al.，2005）采用资产利用率和经营费用率来衡量代理成本，证明了代理成本与两权分离度之间的正相关关系。胡建平和干胜道（2009）则采用在职消费、过度投资、资金闲置及随意支出衡量代理成本，研究了代理成本与自由现金流的关系。

为了降低第一类代理成本，学者们从外部治理和内部治理各个方面进行了深入研究。在外部治理方面，学者们主要从市场竞争机制、企业负债、独立审计、信息披露等方面探讨了其对第一类代理问题的影响。

以往的研究表明，市场竞争机制可以通过竞争机制和标杆机制强化管理者声誉和解职压力（韩忠雪和周婷婷，2011）、限制管理者对企业自由现金流的随意操控（Hart，1983）、增加现金股利发放（Grullon & Michaely，2007），从而缓解中小股东的搭便车问题（Maug，1998），带来代理成本的下降。

在负债治理方面，一方面负债可以通过提升盈余信息质量（Jung & Kwon，2002）、控制企业的自由现金流（Gul，2001；Zhang，2009；毛洪安和李晶晶，2010；Chu，2011），以及抑制企业的过度投资（Harvey et al.，2004；王培林等，2007），从而缓解企业的代理问题；另一方面，负债能够提升企业财务杠杆、增强企业的破产压力（王培林等，2007；宋淑琴，2013）、促使管理者尽职尽责，带来企业代理成本的降低。但田利辉（2005）、田满文（2009）、乌塔米和伊纳咯（Utami & Inanga，2011）等否定了负债与代理成本之间的负相关关系。更有甚者，谢海洋和董黎明（2011）认为，负债并不能有效抑制企业的过度投资，相反，长期负债会提升过度投资，带来更严重的代理成本。

外部审计也是学者们关注的重点，以往的研究表明，高质量的独立审计能够限制管理者的机会主义行为（Watts & Zimmerman，1983），提高企业的盈余质量（Balsam et al.，2003；王艳艳等，2006），提升信息披露质量（Ashbaugh & Warfield，2003；Dunn & Mayhew，2004；魏锋，2012），以及减少企业的在职消费（谢盛纹等，2015），从而减轻企业的代理问题（曾颖和叶康涛，2005；Choi and Wong，2007；周军和张蕾，2012）。

另外，企业的高质量信息披露有利于缓解股东与管理者信息不对称（Bushman & Smith，2003；Bushman et al.，2004；曾建光等，2013；薛有志等，2014；张琛和刘银国，2015），强化股东对管理者行为的监督（Joe et al.，2009），提升企业的盈余质量（杨棉之和卢闯，2011），提升企业的投资效率（梁红玉等，2012），最终带来企业代理成本降低（Dyck et al.，2008）。

在内部治理研究中，学者们主要从管理层激励、董事会结构、股权结构等方面阐述了其对第一类代理问题的影响。

以往关于管理层激励对代理问题影响的研究主要从股权激励和薪酬激励两个方面来开展（Jensen & Murphy，1990）。相关研究发现，股权激励对代理成本的影响存在相互竞争的观点：一方面，股权激励能够促使股东与管理者利益一致（Morgan & Poulsen，2001；吕长江和张海平，2011），带来企业代理问题的缓解；另一方面，股权激励带来管理者持股的增加，势必导致管理者对企业控制权的增加，使得其更有能力和动机去进行权力寻租和进行盈余管理（Dong et al.，2010；周嘉南和雷霆，2014），非但不能缓解代理成本，可能还会导致代理成本提升（Stulz，1988）。因此，股权激励积极效应的发挥需要其他治理机制的有效发挥（吕长江等，2011）。薪酬激励的治理效应也存在相互竞争的观点：一方面，薪酬激励能够提升公司效率（Roth & O'Donnell，1996），降低企业的自由现金流（周中胜，2008），带来代理成本的下降；另一方面，薪酬激励被认为是管理者权力寻租的结果（Bebchuk et al.，2002；Bebchuk & Fried，2003），不仅不会降低代理成本，相反，可能会提升管理者的风险偏好（Kanatas & Qi，2005），恶化企业的代理问题。

在董事会治理方面，学者们主要从董事会规模、董事会激励以及董事会独立性等方面分析了董事会治理对第一类代理成本的影响。主流观点认为，相比于较小规模的董事会，董事会规模的扩大会带来"集体决策成本"和"内部人控制"等问题，从而恶化代理成本（Lipton & Lorsch，1992；薛有志等，2010）。一般认为，董事会激励有利于提升董事会的治理水平（Hillman & Dalziel，2003；Mcknight & Weir，2009），缓解第一类代理问题（高明华和谭玥宁，2014）。由于离职威胁、声誉追求的存在（Yermack，2004；王跃堂等，2006），独立董事制度通常被认为是缓解代理问题的有效机制，独立董事能够通过抑制管理者的盈余管理（Fields & Keys，2003；Peasnell et al.，2005），减少企业内外部投资者之间的信息不对称（Ferreira et al.，2011；Armstrong et al.，2014），带来代理成本的降低。但部分研究质疑了独立董事制度的有效性。谢俊等（2008）认为，独立董事容易受内部控制人操纵，导致独立董事比例的提升引起企业代理问题的恶化。

在股权结构方面，詹森和麦克林（Jensen & Meckling，1976）指出，大股东持股比例的提高有利于强化控股股东监督管理者行为的能力和动机，从而降低管理者的自利行为，实现代理成本的降低。宋力和韩亮亮（2005）、李明辉（2009）、吴世飞（2016）的研究也证明了股权集中度显著地负相关于公司的代理成本。但也应看到，大股东可能与管理层相互勾结共同去追求私利，在这样的情况下，往往会产生更严重的代理成本。肖作平和陈德胜（2006）利用中国上市公司的数据，发现了股权集中度与代理成本之间存在正相关关系。张兆国等（2008）也发现了国有企业的股权集中度与代理成本正相关的情况。在股权制衡上，施莱费尔和维什尼（Shleifer & Vishny，1986）的研究指出，外部大股东能够强化企业内部监督，减少股东的"搭便车"行为，从而降低企业的代理成本。宋力和韩亮亮（2005）的研究证实了代理成本与控制权竞争力之间的负相关关系。郝云宏和汪茜（2015）通过对鄂武商控制权的案例分析，发现适度的股权制衡符合资源优化配置的市场行为。但是多个大股东也会产生"集体行动困难"问题，特别是当多个大股东争夺企业控制权的时候，股东会降低对管理者的监督强度，这就给管理者留下更大的空间去追逐私利（朱红军和汪辉，2004）。另外，相关文献证明，机构投资者持股能够提升公司治理水平（李维安和李滨，2008），抑制管理者的机会主义行为（Hartzell & Starks，2003；Dyck & Zingales，2004），降低管理者的在职消费行为（李艳丽等，2012），限制管理者的自由现金流滥用行为（Chakraborty et al.，2016），从而降低企业代理成本。

2.1.2.2 第二类代理成本的影响研究

波尔塔等（La Porta et al.，1999）研究发现，区别于英美等国上市公司的股权分散，很多地方的公司股权是高度集中的，因而，相比于管理者与股东之间的代理冲突，这些公司面临着更严重的股东与股东之间的代理问题。冯根福（2004）认为，不同于股权分散结构下，企业代理问题主要表现为管理者绝对控制力引发的管理者与股东之间的代理冲突，在股权集中结构下，控股股东绝对控制力导致的股东与股东之间的代理冲突才是企业代理问题的主要表现形式，即第二类代理问题。追根溯源，第二类代理问题源于股权的集中使得控股股东有能力和动机转移企业的资产和利润，侵占中小股东的利益，为此，第二类代理问题常被称为"隧道问题"（Johnson et al.，2000；苏忠秦和黄登仕，2012）。在第二类代理成本成因的探讨上，克莱森斯等（Claessens et al.，2000）指出，控股股东利用交叉持股和金字塔结构等方式获得超额控制权，并利用超额控制权侵占中小股东的利益，产生严重的代理问题。克莱森斯和法恩（Claessens & Fan，2002）认为，控股股东能够通过信息不对称追求私利。苏启林（2004）认为，股权分置导致流通股和非流通股的利益基础不一致，使得大股东（通常为非流通的国有股和法人股）有能力和动力去侵占流通股的利益，恶化股东和股东之间的代理问题。郝项超和梁琪（2009）、郑国坚等（2014）认为，控股股东的股权质押行为会恶化股东与股东之间的代理问题。张光荣等（2007）、鲍恩和金姆（Byun & Kim，2013）指出，控股股东能够通过盈余管理、股利政策以及关联交易等隧道行为来追求私利。在第二类代理成本的衡量上，张等（Cheung et al.，2006）和彭等（Peng et al.，2011）采用企业间借款来衡量第二类代理成本；叶康涛等（2007）采用大股东净占款来衡量第二类代理成本；杨德明（2009）采用其他应收账款资产比来衡量股东与股东之间的第二类代理成本。

　　为了限制股权集中带来的股东与股东之间的代理问题，学者们探讨了各种治理机制对第二类代理问题的影响。在外部治理机制方面，施莱费尔和沃尔芬森（Shleifer & Wolfenzon，2002）、莱蒙和林斯（Lemmon & Lins，2003）、金姆等（Kim et al.，2007）以及余玉苗和王宇生（2012）等认为，加强法制建设能够缓解股东与股东之间的代理冲突。郑志刚（2004）指出，除了法制环境之外，市场竞争和声誉机制也能够缓解第二类代理问题，且这些外部机制能够提升董事会治理等内部机制的有效性，进一步降低企业的代理成本。另外，范和王（Fan & Wong，2005）、韩东京

（2008）、唐跃军（2011）等认为，高质量的外部审计能够有效地缓解第二类代理问题。罗进辉（2012）认为，媒体报道能够缓解代理问题。在内部治理机制方面，易颜新等（2006）、徐寿福和徐龙炳（2015）认为，股利政策可以减少股东与股东之间的代理成本。汪昌云和孙艳梅（2010）认为，管理者薪酬激励能够减少股东与股东之间的代理问题。石水平（2010）认为，独立董事比例的增加能够缓解代理成本。博瓦克尔等（Boubaker et al.，2015）指出，有效的董事会能够减少控股股东通过控制自由现金流来追求私利的行为。但部分学者对独立董事制度和管理层激励等内外部治理机制监督和限制控股股东行为的有效性提出了质疑（Hu et al.，2010；Chen et al.，2011）。为此，很多学者将他们的视野转向了非控股大股东治理效应的研究，探讨其对控股股东隧道效应的影响（Maury & Pajuste，2005；Laeven & Levine，2007；Attig et al.，2009；姜付秀等，2015；Dou et al.，2018）。

回顾相关文献，本书发现，非控股大股东治理对第二类代理成本具有相互竞争的影响。班纳森和沃尔芬森（Bennedsen & Wolfenzon，2000）指出，非控股大股东在降低控股股东侵占中小股东利益上扮演关键的监督者角色。但茨维伯尔（Zwiebel，1995）、戈麦斯和诺瓦伊斯（Gomes & Novaes，2005）却对非控股大股东的监督作用提出了质疑，他们认为，控制权集中在控股股东手中能为投资者利益提供更好的保护。不过，主流观点更偏向于非控股大股东能够有效地监督控股股东的"掏空"行为。如莱温和莱文（Laeven & Levine，2007）、格达米和米什拉（Guedhami & Mishra，2009）、米什拉（Mishra，2011）、阿提卡等（Attig et al.，2013）等就从交易成本的角度出发，认为非控股大股东因为存在巨大的退出成本使得他们更倾向于参与公司运作，从而实质上形成对控股股东行为的监督。博滕和黄（Boateng & Huang，

2017）利用2341家中国上市公司2001～2013年的数据，实证证明了非控股大股东治理能够通过影响公司的财务杠杆来降低控股股东的"掏空"行为。国内涉及非控股大股东治理对第二类代理成本影响的研究主要从股权制衡的角度出发。如唐建新等（2013）的研究就证明了家族企业股权制衡度显著地负相关于控股股东的"掏空"行为。但吴红军和吴世农（2009）的研究却证明了股权制衡与控股股东的"掏空"行为之间存在倒"U"型关系，且控制权与现金流权的偏离度与大股东的"掏空"呈正相关。

　　综上所述，以往很少有学者直接从非控股大股东的视角去探讨其对第一类代理问题的影响，非控股大股东的治理效应只能在股权集中度和股权制衡对第一类代理问题的影响中有所发现，但在这些研究中，学者们通常将非控股大股东与控股股东进行同质化处理，可能得到有偏差的结果。现存关于非控股大股东治理对公司代理成本影响的研究主要集中于其对第二类代理成本的影响研究，但关于非控股大股东对第二类代理成本的影响也未取得一致的结论，非控股大股东既可能监督控股股东的"掏空"行为，也有可能与控股股东相互勾结去"掏空"企业的利益。为此，本书关于非控股大股东治理对代理成本的影响研究，一方面，弥补了非控股大股东治理影响第一类代理成本研究的不足，另一方面，增添了非控股大股东治理影响第二类代理成本研究的新证据。

2.1.3　非控股大股东治理对公司投资效率的影响研究

　　在新古典经济学理论假设中，企业的最优投资水平应该使得投资的边际收益等于边际成本（Modigliani & Miller，1958），然而，在实践中，现实摩擦的存在使得企业投资经常表现为投资过度或投资不足的非效率投资现象，从而偏离企业的最优投资水平。为了探讨企业非效率投资行为的内在逻辑，伯利和米恩斯（Berle &

Means，1932）基于股权分散假设，指出公司治理对企业投资决策存在显著影响，开创性地将公司治理引入企业投资决策机制之中。延续这一研究思路，詹森（Jensen，1986）从委托代理理论出发，提出了现金流量假说；迈尔斯（Myers，1977）则从信息不对称角度出发，提出了融资约束假说。

在现金流量假说方面，詹森和麦克林（Jensen & Meckling，1976）指出，管理层基于自身利益最大化进行企业决策，可能违背投资者利益最大化的原则，出现管理层的"败德行为"。在此基础上，詹森（Jensen，1986）进一步提出了现金流量假说，指出管理层往往不会将大量的自由现金分配给股东，而更倾向于扩大企业规模，以获得更大的控制权和更高的薪酬，从而带来严重的企业非效率投资问题。墨菲（Murphy，1985）的研究也证明了管理者存在为追求超额的资源控制而盲目扩大企业规模，从而引发严重的企业非效率投资行为。莫克等（Morck et al.，1988）进一步指出，除了达到超额资源控制的目的外，管理者也可能为了保障职位安全将更多的资源倾斜于有利于自身发展的项目，而这些投资项目往往并不是以企业价值最大化为目标。更有甚者，部分管理者为了追求超额的在职消费也可能引发企业非效率投资（Stulz，1990）。贝茨（Bates，2005）研究发现，出售附属企业而获得大量资金的企业，其管理者往往不会去降低企业的债务水平，而是更可能进行更多的过度投资行为。阿斯克等（Asker et al.，2014）将上市公司的高管与非上市公司的高管作对比，发现上市公司面对投资机会的反应比较慢，且更容易出现投资不足的现象。造成这一现象的原因，主要在于管理者出于自身利益考虑，更倾向于提高短期价值来获得股东的认可，而不愿承担高风险和不确定性的投资项目。董红晔和李小荣（2014）从高管权力的视角研究了国有企业过度投资的现象，指出高管权利能够很好地阐释国有企业过度投资问题严重的现象，高管权力越大国有企业的过度投资现象越严重。

在融资约束假说方面，迈尔斯（Myers，1977）将信息不对称理论引入投资决策研究，认为企业内部人与外部投资者对企业的资产、投资项目以及未来发展前景存在突出的信息不对称，因此，对于企业基于投资需求所发行的证券，相对于内部人而言，外部投资者并不能给出恰当的评价。由此会产生证券价值被低估或高估的情况，最终导致企业投资不足或过度投资。由此可知，信息不对称是造成企业投资偏离最优化状态的最重要原因，从而提出了融资约束假说。随后，卡普兰和津加莱斯（Kaplan & Zingales，1997）通过分析企业公开信息中的定性信息以及财务报表中的定量信息进一步区分了企业面临的融资约束，得出融资约束与"投资—现金流"敏感性之间的关系并非是单调的，无融资约束企业的"投资—现金流"敏感性更加强烈。魏锋和刘星（2004）在对企业的融资约束问题进行深入研究的基础上，指出企业在面临融资约束的情况下，"投资—现金流"敏感性相对较高。饶育蕾和汪玉英（2006）证明了股权结构与"投资—现金流"之间呈现负相关关系，且这一关系在国有企业中表现得更明显。良德列斯（Lyandres，2007）构建了"投资—现金流"的动态分析模型，证明了"投资—现金流"敏感性的非单调关系。连玉君和苏治（2009）指出，融资约束问题使得上市企业的投资规模偏离其最优水平 -20% ~ -30%，且这一问题在西部地区以及小规模企业中更为突出。为了缓解信息不对称带来的融资约束问题，众多学者将目光聚焦在信息质量上。比德尔等（Biddle et al.，2009）的研究分析了会计信息质量对企业投资不足和过度投资的抑制作用，指出高质量的会计信息能够提升企业的投资效率。郭琦和罗斌元（2013）在假定融资约束的条件下构造了单边随机边界模型，实证分析了会计信息对投资效率的影响，证明了会计信息质量与投资效率之间的正相关关系。罗斌元（2014）阐释了会计信息通过融资约束、代理问题、投资机会等作用于投资效率的机理，指出会计信息质量能够提升企业投资效率。李海凤和史燕平（2015）也证实了上市公司信息披露质量能够影响资本的配置效率。

在现金流量假说和融资约束假说的基础上，为了区分企业的非效率投资行为，学者得到了一系列成果。斯特朗和迈耶（Strong & Meyer，1990）将企业的投资行为划分为维持投资和随意投资，并指出企业剩余现金与随意投资呈正相关关系。理查森（Richardson，2006）将企业的投资分为资本保持支出和新增投资，进一步将新增投资区分为预期投资和非预期投资，其中，非预期投资即为非效率投资，包括过度投资和投资不足，结果发现，20%的企业自由现金流用于过度投资，40%的企业自由现金流被管理者以各种形式节流。总的来说，对企业非效率投资的衡量至少存在以下三种思路：第一，控制行业效应和年度效应来计算行业平均资本投资水平作为企业适度投资的替代，公司投资偏离适度投资的部分即为企业非效率投资水平。第二，基于自由现金流理论和融资约束水平，计算公司的投资规模和自由现金流的关系来判断公司的投资扭曲程度。第三，根据理论来构造关于投资期望的模型，将公司的投资分为预期投资和非预期投资，其中，预期投资可以依据公司的基本特征（公司规模、负债水平、公司成长性等）来计算，而公司实际投资偏离预期投资的部分就是公司非预期投资，即为公司的非效率投资部分，包括过度投资和投资不足（Richardson，2006）。

追根溯源，基于委托代理理论构建的现金流量假说和基于信息不对称理论构建的融资约束假说虽然得出了不同的研究结论，但它们却存在相同的基础，即认为股东与管理者分离及其带来的所有权与控制权偏离是影响企业投资效率的关键要素。但随着股权结构认知的发展，众多学者指出，除英美等发达国家之外，特别是在发展中国家，股权结构是相对集中的（La Porta et al.，1999），企业代理问题突出地表现在股东与股东之间的代理问题，因而，应重点考虑的是如何限制控股股东的侵占行为对企业投资效率的影响。

　　基于股权集中的背景，学者们开始将第二类代理问题纳入企业投资行为研究的框架之中。波尔塔等（La Porta et al.，1999）将股权异质性引入企业投资决策，指出股权集中情况下股权异质性带来的大股东超额控制权私有收益是推动企业非效率投资的内在原因。克莱森斯等（Claessens et al.，2000）在股权集中的背景下，指出控股股东往往通过交叉持股、金字塔结构等方式获得超额的控制权，由此引发严重的第二类代理问题，带来更严重的企业非效率投资行为。莫雷莱克（Morellec，2004）则将企业的非效率投资进一步划分为过度投资和投资不足，指出股权异质性导致的控股股东超额收益追求不仅会引起企业的过度投资行为，也会带来投资不足问题。相似的结论也出现在阿加沃尔和塞姆维克（Aggarwal & Samwick，2006）的研究中，阿加沃尔和塞姆维克在最优契约的假设下，也证实了由控制权驱动的私有收益追逐所导致的过度投资和由私有收益的获取成本所引发的投资不足都能对企业价值产生重大影响。王鹏和周黎安（2006）实证分析了控股股东和公司绩效的关系，结果表明，控股股东的现金流权存在激励效应，而企业控制权存在侵占效应，两权分离度的增加会带来严重的非效率投资行为。纳加尔等（Nagar et al.，2000）则在控制权私有收益驱动企业非效率投资相关研究的基础上，将股权集中度、股权制衡等因素纳入了企业投资行为研究的范畴，指出企业非效率投资受到企业的股权集中度、股权制衡以及控制权配置方式等影响。随后，安灵等（2008）采用海洋博弈模型来分析股权集中度和控制权竞争力对企业投资的影响，研究指出，第一大股东的控制力与非效率投资存在非线性关系，即先负后正再负的关系；在民营企业中，控制权竞争力对过度投资的抑制作用更明显。窦炜等（2011）基于绝对控股和多重股权结构来研究股权结构对投资效率的影响，发现在绝对控股的企业中，过度投资的非效率投资行为相对于多重股权结构的企业来说明显偏低。

综上所述，基于股权分散假设，现金流量假说和融资约束假说阐释了企业非效率投资的内在逻辑；基于股权集中假设，控制权私有收益被视为企业非效率投资的内在驱动力。但是到目前为止，仅见姜等（Jiang et al.，2018）从非控股大股东的视角出发，探讨多重股权结构对公司投资行为的影响。不同于姜等的研究，本书一方面将非控股大股东定位于第二和第三大股东，扩大了研究的样本，避免了将非控股大股东仅定位于持股比例大于5%的股东而造成的样本选择性偏误；另一方面，本书延伸了姜等的研究，分析了非控股大股东—投资效率—公司价值的关系。

2.1.4　非控股大股东治理效应的影响因素研究

公司治理机制影响公司价值的研究存在两种基本的方法论，即"非均衡观"和"均衡观"（兰小春，2008）。"非均衡观"假设公司价值取决于与其存在因果关系的单个治理机制的优劣程度，与其他治理机制并无关系，因而，仅需提升该治理机制就可以获得公司价值的提升。但随着研究的深入和实践的发展，学者们发现，单个治理机制的过度使用，对企业来说不一定能取得良好的效果（Agrawal & Knoeber，1996），更有甚者，可能出现负的治理效应。在这样的背景下，"均衡观"方法论应运而生。"均衡观"认为，公司价值的实现取决于众多治理机制共同发挥作用，最优的治理机制应该是基于互动关系的不同治理机制的多元组合，各个治理机制之间存在交互作用。

回顾相关文献，本书发现，关于不同治理机制之间交互关系的研究至少可以追溯到雷迪克和赛斯（Rediker & Seth，1995）。雷迪克和赛斯基于美国银行控股公司 1982 年的数据样本，实证分析了董事会与其他治理机制之间的替代效应，首次提出了"替代效应"假说。该假说突破了不同治理机制在解决委托代理问题上相互独立的传统假设，其将企业的治理机制看作一个整体，认为公司价值的实现依赖于一系列治理机制对代理问题的缓解和控制，不同的治理机制之间可以相互替代。随后，阿格拉沃尔和克内贝尔（Agrawal & Knoeber，1996）进一步推动了"替代效应"假说，在考虑了内生性问题对治理机制交互作用的影响之后，结果表明，内生性问题不会影响股权结构、董事会、管理层持股、控制权市场、经理人市场等治理机制之间的替代关系，但不考虑治理机制之间的内生性问题，仅研究单个治理机制的治理效应会得到不可靠的结果。马克和利（Mak & Li，2001）延续阿格拉沃尔和克内贝尔（Agrawal & Knoeber，1996）的思路，证明了股权结构与董事会之间存在部分替代的关系，在控制内生性后，上述的替代关系仍然存在。贝纳尔等（Beiner et al.，2006）为了证明公司治理机制之间的替代关系，引入控股股东的持股比例、董事会规模，外部董事比例、外部投资者以及企业的财务杠杆五种治理机制，研究结果表明，控股股东持股比例与外部董事比例、外部投资者与董事会规模以及财务杠杆之间存在替代关系。贝里等（Berry et al.，2006）的研究结果也表明，CEO 持股、董事会独立性以及外部股东持股等治理机制之间存在显著的替代关系。

国内关于公司治理机制之间交互作用的研究也取得了丰富的成果。李豫湘和甘霖（2004）研究了公司内部治理机制之间的相互关系，结果表明，内部治理机制之间相互影响，其中，大股东之间的股权制衡度与财务杠杆正相关，而管理层持股与财务杠杆、控股股东持股与高管薪酬负相关。黄之骏（2006）在控制了内生性后，发现管理层股权激励与董事会治理存在相互影响，具体表现为管理层持股与董事会独立性之间存在显著的负相关关系，而与非执行董事比重存在正相关关系。曹廷求和孙宇关（2007）利用 2004 年上市公司数据，发现股权集中程度与董事会规模负相关，相反，外部大股东监督会增加董事会规模。王满四和邵国良（2007）认为，董事会、管理层和债权人虽然不能有效制约大股东的行为，但确实在治理过程中会与大股东产生交互作用。兰小春等（2008）从理论梳理和实证分析两个角度证明了股权结构、董事会治理、高管薪酬以及财务杠杆之间存在交互关系。郑志刚和吕秀华（2009）认为，董事会独立性与股东监督和高管薪酬存在相互补充的治理效应，而与投资者法制建设以及股权制衡存在替代关系。

从这些研究结果来看，公司治理机制之间确实存在交互作用。这就意味着如果脱离治理环境，单独地研究非控股大股东的治理效应无疑会得到存在偏差的结论。为获得稳健的研究结果，本书从狭义公司治理理论出发，将非控股大股东治理放在公司内部治理的环境中进行研究。在公司内部治理机制中，控股股东治理和董事会治理无疑是影响公司内部治理效率的关键因素（Gompers et al.，2003；李维安和张国萍，2005；杨兴全等，2015）。

委托代理理论指出，由于股权集中，控股股东的存在能够有效缓解股东与管理层之间的代理成本（Shleifer & Vishny，1997）。但股权的高度集中也会使得控股股东能够通过金字塔结构、交叉持股、同股不同权等方式获得超额控制权（Bebchuk et al.，2000；Lemmon & Lins，2003；Almeida & Wolfenzon，2006），并利用超额控制权来影响公司决策，通过关联交易、违规担保等方式侵占中小股东的利益，表现出"隧道行为"（La Porta et al.，1999）。不可否认的是，为了获得融资资格、保持公司地位以及缓解企业的财务困境等特殊情况的需要，控股股东会利用私人资源为企业提供支持，以确保公司业绩，表现出"支撑行为"（Friedman et al.，2003；张光荣和曾勇，2006）。控股股东的"隧道行为"和"支撑行为"表现出的反向利益输送看似矛盾，其实只是控股股东在长期利益和短期利益之间的取舍，控股股东帮助企业脱离困境的支撑行为，往往是为以后其能够更好地侵占企业利益奠定基础（张光荣和曾勇，2006）。

董事会作为股东大会的代理人、管理层经营行为的委托人，从建立之初就被认为是公司内部治理中保护股东利益的关键机制。为此，董事会规模、独立董事比例以及董事会召开频率等指标常被用来探讨董事会治理的有效性。回顾相关文献，发现董事会规模治理有效性的研究存在相互竞争的观点：一方面，道尔顿等（Dalton et al.，1999）、李胜楠和牛建波（2009）等认为，董事会规模的扩大能够为公司带来更好的外部环境纽带，也能为决策极端化提供更多的缓冲；另一方面，董事会规模扩大带来的内部人控制问题和董事之间的"搭便车"问题则导致董事会治理有效性被质疑（Jensen，1993；Yermack，1996；陆智强和李红玉，2012）。由于独立董事独立于企业，且能够为公司决策提供有效的智力支持，以及独立董事有动机追求个人职业声誉等特征，独立董事治理常被认为是提高企业内部治理效率的有效机制（Brickley et al.，1994；Peng，2004）；但独立董事的"不独立"以及独立董事精力和经验的限制，使得独立董事的有效性受到质疑（曹业，2006；杜兴强和周泽将，2010）。关于董事会会议频率的研究也存在相互竞争的观点。詹森（Jensen，1993）认为，董事会会议只是处理公司问题的"灭火器",并不是提升公司治理水平的措施。康格等(Conger et al.,1998)则认为,董事会会议的频繁召开有利于其更好地维护公司利益,提升公司治理水平。

综上所述,公司治理机制包括一套正式的或非正式的、内部的或外部的制度或机制,这些机制之间的相互作用构成了企业的运营。脱离治理环境去研究单个治理机制对公司价值的影响可能获得存在偏差的结果。为此,为获得稳定的研究结果,本书从"均衡观"出发,采用狭义的公司治理概念,引入控股股东和董事会,探讨其对非控股大股东治理效应的影响,最终实现对非控股大股东治理边界的界定。

2.2 相关理论基础

2.2.1 公司治理理论

2.2.1.1 公司治理概念演化

在一个完美的市场中,签订一份完全契约是没有费用的,但是现代企业的所有权和控制权分离,并由此产生了委托代理问题,使得签订完全契约的成本太大,以至于不能通过契约来缓解委托代理问题,公司治理随即产生(Hart,1995)。由此可以看出,公司治理的基本目的是为了解决现代企业中普遍存在的委托代理问题。然而,公司治理理论直到 20 世纪 70 年代后期才被提出,随后,众多学者就公司治理的问题展开了广泛的研究,但公司治理的概念仍没有统一的定义。

经济合作与发展组织(OECD)将公司治理定义为:公司治理的本质是规定公司利益相关者之间的权责利。狭义上讲,利益相关者包括股东、董事会、监事会以及管理层等企业内部的相关者。广义上讲，除股东等内部利益相关者之外，利益相关者还包括债权人、供应商、政府以及其他与企业直接或间接相关的组织或个人。公司治理就是对这些组织或个人的权利和责任的安排，包括一整套用于明确划分权、责、利的制度安排，以此来促进各主体之间的相互制衡和协同提升。

除了经济合作与发展组织对公司治理的定义外，学者们也从不同的角度定义了公司治理的概念。施莱费尔和维什尼（Shleifer & Vishny，1997）从投资者的角度出发，认为公司治理是投资者保护自身利益的方式。在不完美的世界中，由于委托代理问题的存在，使得管理者可能出现"逆向选择"和"道德风险"问题，为确保企业投资者的利益不受侵占，公司需要一种机制来确保投资者的利益，由此，公司治理第一种主要治理模式产生，即解决股东与管理层之间的代理问题。另外，由于所有权集中，大股东有能力和动机通过超额的控制权去侵占中小股东的利益，带来股东与股东之间的代理问题，为此，形成了公司治理的另一种主要治理模式，即解决大股东和中小股东之间的代理问题。

张维迎（2000）则从另一角度阐释了公司治理概念，认为公司治理存在狭义公司治理和广义公司治理之分。狭义的公司治理主要包括股东大会、董事会、监事会、管理层等内部公司治理机制。广义的公司治理指通过一套正式的或非正式的、内部的或外部的制度或机制来协调公司与利益相关者的关系（股东、债权人、供应商、员工、政府、社会公众等），因而，广义的公司治理除内部公司治理机制外，还包括控制权市场、经理人市场、价格市场等外部的治理机制。

2.2.1.2 公司治理特征

（1）委托代理，纵向授权。相比于传统企业将所有权、控制权以及经营权集于一身的特征，现代企业的显著特征是所有权与经营权相分离，并由此产生了一系列的委托代理。第一层委托代理是由股东大会（所有者）选举产生董事会，由董事会代理其行使资产权利和分配资产收益；第二层委托代理是由股东大会选举产生监事会，形成独立的监督机构来行使监督职能，监督董事会和管理层的经营决策和经营行为；第三层委托代理指董事会对经营管理层的委托，委托管理层行使企业资产的控制权，管理层代理股东进行日常的经营和管理；第四层委托代理指管理层对各部门员工进行委托，各部门员工按照其职能划分来进行日常的作业。

（2）权责分明，各司其职。根据委托代理的层次划分，各委托人和代理人的关系可以划分为四个部分，分别为权利、决策、监督以及执行，四个部分相互协调与制衡，形成公司治理内部的关系体系。股东大会由全体股东组成，作为资产的所有者和最终的决策者，其构成权力机构，决策企业的重大事项，并委托董事会根据自己的决议制定相应的企业战略。董事会构成决策机构，对战略层次的问题进行决策，并提交股东大会审议；作为第一层委托代理的代理人，其按照股东大会的决议执行，构建企业的战略；作为第三层委托代理的委托人，其委托经营管理层根据企业战略来开展日常经营和管理。监事会构成企业的监督机构，代表全体股东对董事会和经营管理层进行监督，确保其权利正常行使，维护股东的利益。经营管理层构成企业的执行机构，具体执行股东大会和董事会的各项决议，负责公司经营的具体方案，并管理公司的日常工作。

（3）激励与监督并存。现代公司制度下，管理层拥有公司的经营控制权，却不拥有或极少拥有公司经营的剩余索取权，导致管理层出现"逆向选择"和"道德风险"问题，即在信息不对称的情况下，管理层不以股东利益最大化为目标，而是利用企业的资源去追求自身利益，从而损害股东的利益。由此，公司制定了一系列的监督措施防止管理层滥用权力，明确管理层职责和权限，约定聘用和解聘制度。但是，也要清楚地认识到，全面的监督是不可能实现的，或实现的成本太高，因而激励措施也是必不可少的，职位晋升、股票期权、薪酬激励、带薪休假等激励方式都是激励管理层的有效策略。

2.2.1.3 公司治理机制分类

公司治理机制包括一套正式的或非正式的、内部的或外部的制度或机制，这些机制之间的相互作用构成了企业的运营。良好的公司治理机制是公司吸引投资者、提高决策科学化以及创造公司价值的关键环节，也是协调好各方利益的基础。一般来说，公司治理机制分为内部和外部公司治理机制。内部公司治理机制主要包括股权结构治理、董事会治理以及管理层激励与约束等；外部公司治理机制主要包括控制权市场、产品竞争市场以及投资者权益保护机制等。

（1）内部治理机制。

股权结构治理机制。股权结构构成公司治理的产权基础。具体来说，股权结构是指公司股权比例配置的结构，即各个不同性质的股份所占的比例及其相互之间的关系，包括股权的构成和股权的集中度两层含义。股权构成是指不同性质股份的多寡构成，在我国主要指国家股、法人股以及社会公众股所占的比例。股权集中度指各股东持股的相对比例。

董事会治理机制。董事会治理机制是公司治理的核心，从委托代理的角度来看，董事会是双重委托代理关系的中枢，同时承接了股东和管理层。在第一层委托代理中，股东是委托人，董事会是代理人；在第二层委托代理中，董事会是委托人，管理层是代理人。近年来，主要通过董事会规模和董事会独立性来衡量董事会治理机制的效用。董事会规模即董事会成员的数量；董事会的独立性则主要通过独立董事（外部董事）比例以及董事长与总经理两职分离来衡量。

管理层激励机制。管理层激励机制是缓解代理问题的重要手段，其本质上是通过增加管理层的剩余索取权来促进股东和管理层的利益趋于一致，从而缓解委托代理问题。目前，对于管理层激励机制的研究大多集中于两个方面：第一，管理层的薪酬激励，包括年薪、津贴、奖金以及带薪休假等，这些激励手段具有明显的短期激励效应。第二，股票期权和股权激励，股票期权和股权激励能够促使管理层与股东的利益趋向一致，从而促使管理层以股东利益最大化目标来经营公司。

（2）外部治理机制。

债务机制。债务机制最明显的效用在于其税盾效应，即根据税法规定，债务利息可以在税前扣除。除此之外，主流观点认为，债务在约束管理层行为和缓解代理问题上有明显的效用。一方面，债务给管理层的日常经营带来预算的硬约束，迫使管理层勤劳工作，抑制管理层的自利行为。另一方面，债权人破产申请对企业控制权的威胁使得面临控制权部分或全部丧失的管理层将采取股东利益最大化的目标来经营企业，从而降低委托代理成本，提升公司价值。此外，贷款合同条款安排、贷款资金使用监管等方法也约束着管理层的经营行为，甚至影响企业的关键决策，充当了缓解代理问题的重要机制。

控制权市场，也称接管市场。公司的控制权市场指资本市场中公司控制权转移的各种市场行为总称，最典型的就是企业的并购。企业并购使得企业的控制权在不同管理团队中实现转移，促进资源的优化配置。目前，关于控制权市场的研究主要围绕要约收购、敌意接管以及代理权竞争三种形式展开。控制权市场的治理效用主要体现在其对管理层职位稳定性带来的威胁，迫使管理层努力工作，追求公司价值的提升，避免企业被兼并收购，在一定程度上缓解了代理问题，更重要的是，收购的威胁要比收购本身产生的效用更显著。

产品市场竞争机制。在市场经济条件下，产品市场的竞争带来的是产品成本的不断下降、技术发展的不断创新以及经营效率的不断提升。在优胜劣汰的市场竞争中，产品市场竞争机制充当了监督者角色。如果管理层经营效率低下、资源浪费严重，必然导致企业产品的市场竞争力降低，使得企业的价值下滑，甚至是企业的倒闭。但也应看到，产品市场竞争机制治理效用具有滞后性，总是发挥着事后监督的作用。因而，其治理效应饱受质疑。

投资者权益保护机制。投资者权益保护机制主要包括两个方面：一是法律的监管，包括法律的制定、执行和监督等。有效的法律制度不仅可以抑制管理层的自利行为，同时，也能监管大股东对中小股东的利益侵占，切实保护中小股东的利益。二是信息披露制度，自从美国《1933 年证券法》实施以来，上市公司信息披露制度就成为常态。上市公司的信息披露使得处于信息劣势的中小股东也能够获得企业经营效率和效果的信息，从而有效地选择进入或退出上市公司；另外，信息披露本身也约束着管理层自利行为及大股东侵占行为的发生。因而，信息披露制度是保护中小股东的重要举措。

综上所述，公司治理机制包括股权结构治理、董事会治理以及管理层激励等内部治理机制，也包括债务治理、控制权市场、产品市场竞争和投资者权益保护等外部治理机制。本书针对上市公司非控股大股东治理效应的研究属于内部治理机制中的股权结构治理，为了确保结果的可靠性，本书在实证过程中将控股股东和董事会治理等内部治理机制纳入模型作为回归过程中的控制变量。特别地，本书将控股股东和董事会治理作为门限变量，通过门限模型来检验这些变量对非控股大股东治理效应的影响。由于外部治理机制发展的不完善以及相关数据难以获取，本书并未将外部治理机制纳入研究中。

2.2.2　信息不对称理论

信息不对称是指交易中各交易方所拥有的针对交易的信息不对称。信息不对称理论于 20 世纪 70 年代由乔治·阿克洛夫（George A Akerlof）、迈克尔·斯彭斯（Michael Spence）以及约瑟夫·斯蒂格利茨（Joseph E Stiglitz）提出，此理论的提出不仅弥补了传统经济学理论的缺陷，同时，也为市场经济研究提供了一个新的视角。为此，为表彰三人在信息经济学领域做出的重要贡献，2001 年三人共同获得了诺贝尔经济学奖。

乔治·阿克洛夫优先开展了信息不对称研究，他基于二手车交易市场的交易，提出了分析旧车市场的"柠檬市场"（次货或二手货）模型。该模型指出，旧车市场的买主和卖主存在严重的信息不对称，卖主基于自身的信息优势，往往会通过隐瞒旧车的负面信息来推销次品；而由于信息不对称的存在，买主只能根据市场的平均价格来判断旧车的质量，也只愿意付出平均价格。因而，就造成在平均价格下，质量差的旧车充斥市场，而质量好的旧车车主不愿意出售汽车，长此以往，最终结果将是导致旧车市场萎缩。迈克尔·斯彭斯则以劳动力市场为研究对象，其通过长期的观察发现，信息不对称现象也广泛存在于用人单位和应聘者之间，其认为，为了避免用人单位出现逆向选择，应聘者作为信息的优势方应该通过各种方式向信息劣势的用人单位传达自己的优势信息，可能包括应聘者的教育水平、工作经历以及其他一些出众的特性。基于这一思路，迈克尔·斯彭斯提出了解决劳动力市场信息不对称问题的"市场信号法"。约瑟夫·斯蒂格利茨则将目光聚焦于金融市场的信息不对称问题，将信息不对称引入保险市场，认为信息不对称广泛存在于保险机构和保险人之间，并为解决他们之间可能出现的逆向选择问题提出了"信息甄别模型"。总的来说，三位学者分别从商品市场、劳动力市场以及金融市场三个不同角度分析了信息不对称问题对市场经济的广泛影响，奠定了信息不对称理论的基础。

根据信息不对称发生的时间，一般将信息不对称分为事前信息不对称和事后信息不对称。在自由市场经济中，交易双方的信息不对称由于签约的时间不同往往会导致差异化的后果：源于事前的信息不对称会造成"逆向选择"问题，源于事后信息不对称会出现"道德风险"问题。不管是逆向选择还是道德风险，都会造成市场机制的扭曲，导致社会配置效率的降低。逆向选择是指在契约签订前，信息优势方（代理人）相对于信息劣势方（委托人）来说具有关于成本、价值等重要的内部信息，信息优势方通过隐蔽这些信息以获取超额的私人收益，导致社会资源配置的扭曲和效率低下。道德风险指在契约签订后，由于信息劣势方无法获得信息优势方的全部信息，占有信息优势的契约方通过隐蔽的行为去追求自身利益最大化而导致信息劣势方的利益受损。

信息不对称问题所引起的逆向选择问题和道德风险问题为本书的研究奠定了理论基础，如图 2-1 所示。从图中可以看出，一方面，由于信息不对称导致逆向选择的存在，使得企业在融资过程中外部融资者不能获得企业的全部有效信息，导致企业的外部融资受到约束，从而产生企业的投资不足，并最终影响上市公司价值水平。另一方面，由于信息不对称导致企业内部控制者出现道德风险问题，内部控制者为了追求自身私利而出现过度投资行为，最终影响公司价值。

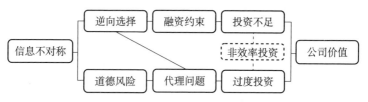

图 2 - 1　基于信息不对称理论的理论框架及路径

2.2.3　委托代理理论

委托代理理论产生于企业所有权和经营权相分离的基础上，分析委托人和代理人在信息不对称和利益不一致情况下如何协调两者之间的利益关系问题，构成了现代公司治理研究的逻辑起点。

2.2.3.1　传统委托代理理论

委托代理理论研究至少可以追溯到亚当·斯密 1776 年出版的《国民财富的性质和原因的研究》一书，书中指出："股份公司中的经理人员使用别人而不是自己的钱财，不可能期望他们会有像私人公司合伙人那样的觉悟去管理企业……，因此，在这些企业的经营管理中，或多或少的疏忽大意和奢侈浪费的事总是会流行。"从这段描述可以看出，股份制企业中存在委托代理关系源远流长。

现代经典的委托代理理论起源于伯利和米恩斯（Berle & Means，1932），他们以美国 200 家大公司为样本，对公司股权结构进行分析，结果发现，这些公司的股权结构都是很分散的，因此得出股权分散性是现代公司股权结构的基本特征。伯利和米恩斯的研究指出，企业所有者和经营者两职合一存在很大的弊端，其倡导所有权与经营权相分离，基于此，企业面临的主要问题是所有者和管理者之间的利益不一致所产生的代理问题。总的来说，伯利和米恩斯的研究提出了"两权分离"问题，但是并没有真正建立委托代理理论分析框架。之后，詹森和麦克林（Jensen & Meckling，1976）、法马和詹森（Fama & Jensen，1983）等学者通过对信息不对称和股权激励等问题的研究，不断丰富了委托代理理论分析框架，逐渐形成西方传统的委托代理理论。然而，这时的委托代理理论建立在股权高度分散的基础上，其将股东当作单一的委托人，将经营者当作单一代理人，使得在这一框架下的委托代理理论研究仅分析了股东和管理者之间的单层委托代理问题（冯根福，2004）。实质上，以分散股权结构为主要特征的传统委托代理理论分析框架是单一的委托代理理论分析框架，主要适用于美国等少数国家。

事实上，许多国家和地区的上市公司股权结构不是分散的，而是相对集中或者高度集中的（La Porta et al.，1999；Claessens et al.，2000；叶勇等，2005）。在这些股权集中的公司中，控股股东或者大股东侵占中小股东利益的问题比较普遍，股东与股东之间的委托代理问题是公司治理面临的主要问题（Shleifer & Vishny，1997；Johnson et al.，2000；唐宗明和蒋位，2002）。当然，在股权相对集中或者高度集中的上市公司中，企业仍面临着股东与管理者之间的利益冲突所带来的代理问题。总的来说，在股权集中的上市公司中，企业既面临着股东与管理者之间的利益冲突，又面临着大股东与中小股东之间的利益冲突问题。为了解决这一双重代理问题，必须构建一种新的委托代理理论，在此背景下，旨在研究管理层与股东、大股东与中小股东之间代理冲突的双重委托代理理论应运而生（冯根福，2004）。

2.2.3.2　双重委托代理理论

在传统的委托代理理论分析框架中，公司的股权绝对分散，所有权与控制权相分离，股东保留企业的所有权和剩余索取权，而将经营权让渡给管理者，公司治理问题主要表现为股东与管理者之间的代理问题。在股权集中的企业中，由于中小股东在这类企业中持股比例较小、对管理层的监控成本又过高等原因，使得他们不能有效监督管理层，不得不采取"搭便车"的行为；而控股股东或者大股东的股权相对集中，他们的利益与公司价值息息相关，因此，他们更有动力和能力积极地监督管理层行为，大股东或者通过手中的投票权迫使管理者按其利益行事，或者通过代理权竞争和接管策略驱逐经理人，从而缓解分散股东的"搭便车"现象，提高股东监督企业的能力，带来管理者与股东之间代理问题的缓解。但是，伴随着第一类代理成本缓解的同时，股权的集中也会使得控股股东出现侵占中小股东利益的情况，导致大股东与中小股东之间代理成本的增加。特别是在中小股东利益保护机制不健全的国家和地区，控股股东往往通过金字塔股权结构或交叉持股等方式实际控制公司，使得现金流权与控制权严重分离，利用超额的控制权谋取私人收益，引发严重的第二类代理成本。所以，在股权集中的公司中，公司治理面临的主要问题是股东与股东之间的代理问题，而不是股东与管理者之间的代理问题。

综上所述，股东与管理者之间的委托代理关系及大股东与中小股东之间的委托代理关系共同构成了现代公司治理研究的主要框架，为本书的研究奠定了理论基础（如图 2-2 所示）。面对第一类代理问题，非控股大股东本质上有能力和动力去监督管理层的行为，但也可能与管理层相互勾结，共同对抗控股股东的利益侵占。面对第二类代理问题，非控股大股东既可能监督控股股东行为，减少其对自身利益的侵占，又可能与控股股东勾结，通过超额的控制权去追求私利，从而恶化大股东的隧道效应。

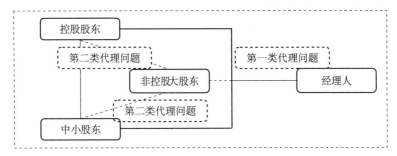

图 2 - 2　双重委托代理中非控股大股东的治理角色

2.2.4　经济人假设

经济人假设来源于对社会生活中所有从事经济活动者的基本特征的一般性抽象，这个抽象出来的基本特征归结为：每一个从事经济活动的人都是利己的，也就是说，在经济社会中的每个人所采取的经济行为都是力图以自身最小的代价获取最大的收益。

经济人假设最早由英国的经济学家亚当·斯密（Adam Smith）提出，他认为经济诱因产生行为动机，人都要争取最大的经济利益，工作就是为了取得经济报酬，为此，需要用金钱、权力以及组织机构的运营和控制，使员工服从命令并为实现企业目标效力。美国心理学家麦格雷戈（D M McGregor）在《企业的人性方面》一书中通过 X 理论对"经济人"假设作出了概括，其基本观点包括：多数人是懒惰的，总是想方设法逃避工作；多数人不愿负责任，愿意听人指挥，没有雄心壮志；组织目标与大部分人的个人目标相背离，必须采用强制、惩罚的方法迫使个人为组织目标的实现而努力工作；满足个人需求是多数人工作的目的，因而金钱、地位等可以有效激励员工努力工作；人可以大致分为两类，多数人符合以上设想，另外一小部分人能够自我鼓励、自我监督，这些人应担当管理责任。

经济人假设引起了一系列组织管理方式的变革，这些变革包括：管理工作的重点就是提高生产率、完成工作任务，以权力和控制体系来引导员工，不考虑人的感情；管理的工作是少数人的事，工人的任务是听从指挥；组织应以经济报酬来激励员工并促使员工实现价值，对消极怠工的员工应该采取严厉的惩罚措施，采取"胡萝卜加大棒"政策来管理员工。泰勒的科学管理就是"经济人"观点在组织管理应用中的典型代表。其中，泰勒提倡的"计件工资制"就是完全依靠经济报酬来调动工人生产积极性的代表。经济人假设在20世纪30年代风行，该理论转变了自由资本主义下放任自流的管理态势，为消除浪费、提高生产率、建立科学管理体制奠定了理论基础。

综上所述，经济人假设最基本的观点就是人都是利己的，追求以最少的成本获得最大化的经济利益。这一观点对于本书研究具有很重要的启示性，包括：第一，在中国上市公司股权集中度高的背景下，面对"强势"的控股股东，各个非控股大股东为维护自身的利益，成为一致行动人是其较优策略，因而，本书假设非控股大股东之间行动一致具有一定的理论可行性。第二，在股权集中度高的背景下，低持股比例的非控股大股东为维护自身利益不受侵占，可能成为控股股东的附庸。第三，在较低股权集中度的背景下，高持股比例的非控股大股东为维护自身利益不受侵占，有能力和动机监督控股股东的行为。第四，非控股大股东作为大股东的重要组成部分，有能力和动机监督管理层的行为。

2.2.5 利益相关者理论

利益相关者（stakeholder）一词由股东（stockholder）一词演变而来。利益相关者理论认为，公司是利益相关者相互竞争和制约的结果，任何影响公司目标实现或被公司目标实现所影响的组织或个人都是公司的利益相关者。该理论是新经济环境下公司治理发展的一种选择，颠覆了传统理论的"股东至上"逻辑，为理论研究和企业管理实践的发展提供了宝贵的依据。

利益相关者理论的发展至少可以追溯到潘洛斯（Penrose）1959 年出版的《企业成长理论》一书，书中提出的"企业是人力资产和人际关系的集合"观念为利益相关者理论的构建奠定了基石。1963 年，斯坦福大学研究所明确地给出了利益相关者理论的定义，其认为"利益相关者是这样一些团体，没有其支持，组织就不可能生存"。虽然这个定义在如今看来是片面的，但它让人们认识到，除了股东、管理者以及员工外，企业还存在广泛的相互依赖的群体。之后，瑞安曼（Rhenman）推动了利益相关者定义的发展，其指出"利益相关者依靠企业来实现其个人目标，而企业也依靠他们来维持生存"。这一定义促使利益相关者理论成为独立的理论分支。费里曼（Freeman）1984 年出版的《战略管理：利益相关者管理的分析方法》一书则标志着利益相关者理论的正式形成，其认为任何一个公司的发展都离不开各个利益相关者，企业追求的是利益相关者的整体利益，而不仅仅是某些主体的利益。

根据利益相关者理论，公司的利益相关者应该包括股东、管理层、员工、债权人、供应商、消费者、政府、居民等。不同的利益相关者对公司有不同的要求。例如，管理层的主要要求包括：增加报酬、增加休闲时间、避免风险；债权人的主要要求包括：按期收到利息、到期收回本金、降低债务风险；政府的主要要求包括：企业合法经营、按期交税；其他利益相关者对公司也具有其独特的要求。只有满足了这些利益相关者的不同需求后，才能有股东的"剩余"利益。当然，不同利益相关者的要求必须是契约化的，不是不加限制的。

综上所述，利益相关者理论对本书的研究启示包括：第一，公司价值的实现应满足不同利益相关者的多种需求，为此，本书选取公司价值最大化来衡量公司价值。在企业债务价值不变的情况下，公司价值最大化可以理解为股东财富最大化，由于股东权益是剩余价值，满足了其他利益相关者的利益需求之后才会有股东的利益，因而选取公司价值最大化来衡量公司价值是可行的。第二，公司的运作及其价值的实现是一个系统的整体，不能单独、片面地研究整体的一个部分，应该把非控股大股东公司治理角色的研究放在公司整体的框架中，特别是要去探讨重要的直接利益相关者对其的影响，这些直接利益相关者至少应该包括控股股东和董事会。

第 3 章　非控股大股东治理影响公司价值的理论分析

3.1　概念界定与衡量

3.1.1　非控股大股东概念界定与衡量

3.1.1.1　非控股大股东概念界定

非控股大股东（non-controlling large shareholders，NCLSs）指股权结构中除控股股东之外的其他具有较大影响力的股东。非控股大股东的衡量一般包括两种方法：一种是从定量的角度来界定非控股大股东，通常将持股比例在 5%（或 10%）以上的非控股大股东确认为非控股大股东（Faccio et al.，2001；Laeven & Levine，2007；Jiang et al.，2018；Kang et al.，2018），在这种情况下，学者通常采用虚拟变量来衡量非控股大股东是否存在，存在记为 1，其他为 0。另一种则是从定性的角度来界定非控股大股东，根据股东持股的多寡排列，将除控股股东外的前几大股东定义为非控股大股东，如博滕和黄（Boateng & Huang，2017）将第 2、第 3 大股东和第 2~第 10 大股东作为非控股大股东，莫里和帕尤斯特（Maury & Pajuste，2005）、阿提卡等（Attig et al.，2008）、罗等

（Luo et al.，2013）也采用这一方法来衡量非控股大股东。

两种衡量方法各有其优劣，前一种方法能够准确地把握对公司决策具有关键影响力的股东，但其主观的划分可能造成样本选择性偏误，最终导致结果出现偏差。后一种方法则包含了更加广泛的研究样本，但这些样本可能存在很多的"噪声"。在对两种方法进行比较后，为了避免样本选择性偏差对结果的影响，本书参考博滕和黄（Boateng & Huang，2017）等的研究，采用后一种方法来衡量非控股大股东，即本书将非控股大股东定义为第2、第3大股东。另外，为了确保研究结果的稳定性，本书将采用第一种方法衡量非控股大股东进行稳健性检验。

3.1.1.2 非控股大股东治理能力衡量

根据非控股大股东定义的不同，学者们选择不同的指标来衡量非控股大股东的治理能力。

从定量的角度来定义非控股大股东的研究中，学者们常采用虚拟变量和计数的方式来衡量非控股大股东的治理能力。虚拟变量：当存在持股比例大于5%（或10%）的非控股大股东时，记为1，其他为0（Faccio et al.，2001；Laeven & Levine，2007；Attig et al.，2008，2013）；另外，计数法是指采用计数的方式记录持股比例大于5%（或10%）的非控股大股东数量。

从定性的角度来定义非控股大股东，学者们常采用多个指标同时衡量非控股大股东的治理能力。这些指标包括：现金流权，采用非控股大股东的持股比例来衡量（Attig et al.，2008，2013）；控制权竞争力，采用非控股大股东现金流权除以控股股东现金流权来衡量，或者是采用非控股大股东现金流权除以控股股东的控制权来衡量（Boateng & Huang，2017）；控制权分散度，采用赫芬达尔指数计算现金流权在大股东之间的分散度（Attig et al.，2013）；控制权集中度，采用公司前几大股东持股比例的平方和来计算（Maury & Pajuste，2005）；Shapley 值，计算某一特定股东在形成多数股东联盟中发挥关键作用的可能性（Maury & Pajuste，2005）。

在回顾了众多相关文献后，本书发现，在这些衡量指标中，现金流权和控制权竞争力是被用来衡量非控股大股东治理能力最重要的指标，为此，本书也采用现金流权和控制权竞争力衡量非控股大股东的治理能力。除此之外，鉴于大股东常采用关联董事或监事作为代理人，并以此来监督内部人行为和确保自身利益，本书进一步收集了大股东关联董监的信息，将关联董监也作为衡量非控股大股东治理能力的一个重要指标。具体来说，本书采用虚拟变量和计数的方式来衡量关联董监，虚拟变量：存在关联董事，记为 $RBD\_dum = 1$，其他为 0；存在关联监事，记为 $RSBD\_dum = 1$，其他为 0。另外，本书还采用计数的方式记录了每个公司关联董监的数量。综上所述，本书采用非控股大股东的现金流权、控制权竞争力以及关联董监来衡量非控股大股东的治理能力。

3.1.2　公司价值概念界定与衡量

3.1.2.1　公司价值概念界定

合理评价公司价值是本书的重要基础，但回顾以往的相关文献发现，国内外学者对公司价值的定义并未取得一致的结论，学者们从不同的角度来界定公司价值的内涵。

劳动价值论认为，公司价值是人类无差别劳动的集合体，公司价值的大小取决于这些劳动所花费的劳动时间。公司作为无差别劳动的特殊载体，利用人类劳动生产具有价值和使用价值的产品和服务，并由此来获得收入。从这个角度来看，公司不仅具有价值，还具有使用价值，因而可以利用上市、重组和破产等方式来刻画公司的价值高低。这种观点具有坚实的理论基础，但由于公司资源的稀缺性以及公司之间的差异性，导致社会劳动和货币之间很难建立稳定的数量关系，因而，这一理论无法在实际生活中运用。

效用价值论认为，公司价值取决于消费者对消费公司产品和享受公司服务所产生的满足感，认为消费者的满足感越强，公司的价值就越高，反之，公司价值越低。效用价值论主要从消费者的角度出发，强调了消费者对公司的重要性。但在实际评价中，由于消费者个体差异以及消费时间与环境的变化等情况，使得消费者对同一产品或服务的评价具有很大的波动性，造成价值不稳定，这就使得效用价值论无法在实际生活中得到推广。

成本价值论则将公司价值与公司建立、生产等投入成本直接挂钩，以历史成本为计量依据，按权责发生制要求确认公司的价值，公司的价值随着公司投入的增减变动而变动。因此，公司价值计量的数据易得，计算简单。但成本价值论将公司视为多种元素简单拼凑而形成的一般商品，其价值仅是这些元素成本的集成。这种观点忽视了元素之间的组合效应，实际上，元素之间的组合效应也是公司价值重要的组成部分。

市场价值论则认为，公司价值取决于市场交易，在公开的市场中，熟悉信息的双方进行公平谈判与交易所形成的价格就是公司的市场价值。在谈判过程中，熟悉交易信息的双方会根据信息的变化来不断调整估值，并最终形成双方可以接受的合理估价，这一估价是双方充分协商后，被交易双方所接受的合理价格，因此，也被称为公允价值。但公允价值的确定会受到众多因素的干扰，如政治、经济或技术的改变，行业的发展程度，甚至于交易双方的偏好。因而，基于市场交易理论来测量公司价值比较困难。

未来价值论认为，公司价值与公司未来的盈利能力有关，公司价值是采用适当的折现率对公司预期收益进行折现的现值。公司未来的盈利能力既取决于公司现在的获利能力，又取决于未来的获利能力。现在的获利能力能够通过对公司现存资产、人力以及产品或服务来计算获得；但未来的盈利能力取决于可能存在的投资机会，具有很大的不确定性。根据未来价值论来确定公司的价值会随着内外部环境的变化而产生波动，另外，折现率的确定也具有很强的主观性。

综上所述，上述观点都在一定程度上存在合理性，但也有相应的局限性。考虑到本书是衡量股东对公司价值的影响，股东最关心的是企业的竞争优势与发展前景等，另外，考虑到数据的易得、计算的简便等，最终，本书采用市场价值论来衡量公司价值。

3.1.2.2　公司价值衡量

衡量公司价值的主要指标至少包括：资产收益率（ROA），等于净利润除以总资产，用来衡量每单位总资产所产生的净利润；净资产收益率（ROE），等于净利润除以净资产，用来衡量每单位净资产所产生的净利润；未来现金流量现值，等于预期现金流量按合适折现率折现的现值，其衡量了未来现金流量的时间价值；经济增加值，等于税后净营业利润减去相关成本，其衡量了相关收益及其相关投入成本的差异；托宾值（Tobin's Q），等于公司的市场价值除以公司资产的重置成本，用来衡量资产的市场价值。另外，还有部分学者采用相对价值法来衡量公司价值，包括：市盈率，等于每股市价除以每股收益；市净率，等于每股市价除以每股净资产；市销率，等于每股市价除以每股销售收入。

未来现金流量现值是理论基础比较完善的评估方法，但这个指标存在重要的缺陷：一方面，未来的现金流量是一个预测值，只能依据现存的数据预测得到，但实际上预测的干扰因素很多，很难获得准确的预测值；另一方面，折现率的确定也受到很多因素的干扰，很难获得准确的数值。资产收益率和净资产收益率则受公司会计政策的影响很大，另外，采用历史成本法计量的缺陷也使得这两个指标不能很好地反映企业的未来收益能力。以往，由于股权分置、"消息市""政策市"等因素的影响，长期以来用托宾值（Tobin's Q）来衡量中国上市公司的做法一直都受到质疑；但是2005年上市公司股权分置改革的进行，使得原本的非流通股转变为流通股，实现了股票的全流通时代，使得股东之间的利益基础一致，股价能够如实反映企业的价值。鉴于此，本书选用托宾值（Tobin's Q）来衡量公司价值（Yeh，2005；Luo et al.，2013）。

3.2 非控股大股东治理影响公司价值的机理分析

3.2.1 非控股大股东治理对公司价值的影响分析

前面对非控股大股东的概念进行了界定，并选取了现金流权、控制权竞争力以及关联董监来衡量非控股大股东的治理能力，为此，下面从这三个方面来分析非控股大股东治理对公司价值的影响。

3.2.1.1 非控股大股东现金流权对公司价值的影响

非控股大股东现金流权对公司价值的影响具有相互竞争的治理效应（Attig et al.，2009，2013；Pagano & Roell，1998；Zwiebel，1995）。一方面，非控股大股东能够促进公司价值的提升。委托代理理论指出，随着非控股大股东持股比例的提高，非控股大股东与公司利益的协同效应随之增加，非控股大股东能够利用自身的知识和关系等资源为公司的发展提供支持，促进公司的发展；另外，根据经济人假设，持股比例的提升会强化非控股大股东监督控股股东"掏空"行为的动机和能力（Maury & Pajuste，2005；Laeven & Levine，2007；Attig et al.，2013），通过限制控股股东的侵占行为来降低第二类代理成本，带来公司价值的提升。另一方面，非控股大股东与控股股东的共谋也可能降低公司价值（Konijn et al.，2011；Cheng et al.，2013）。随着非控股大股东持股比例的提升，非控股大股东对企业的影响力逐渐增强，控股股东不能通过自身的影响力来完全控制企业，为了更好地追求自身利益，控股股东和非控股大股东可能会通过共谋来形成联盟，通过联盟的超额控制权实施"掏空"行为，导致公司价值下降。

3.2.1.2 非控股大股东控制权竞争力对公司价值的影响

非控股大股东控制权竞争力衡量的是控股股东和非控股大股东之间现金流权分布的竞争程度，其对公司价值的影响取决于非控股大股东对控股股东的制衡程度。当控制权竞争力过低时，控股股东能够完全控制公司，其能通过自身的影响和能力去实施"掏空"行为，不会寻求与非控股大股东合作（Su et al.，2008；Liu et al.，2009），在这种情况下，非控股大股东只能依附于控股股东存在，导致公司价值的下降。随着控制权竞争力的提升，非控股大股东对控股股东的监督能力增强（Maury & Pajuste，2005；Jiang & Peng，2011），控股股东较高的"掏空"风险和较弱的企业控制力将降低其实施"掏空"行为的动机和能力，在这种情况下，非控股大股东表现出积极的监督效应，带来企业价值的提升。当控制权竞争力过高时，控制权在大股东之间均匀分布（Su et al.，2008），可能会使得大股东之间出现过度民主的现象，各个大股东对各自目标的追求使得企业出现集体决策困难（Luo et al.，2013），造成企业的关键决策延误；另外，为绝对控制企业，控股股东和非控股大股东也可能达成共识，形成联盟，通过联盟去侵占企业利益（Liu et al.，2009），在这种情况下，非控股大股东表现出堑壕效应，带来企业价值的降低。

3.2.1.3 非控股大股东关联董监对公司价值的影响

股东对企业的影响力常常表现在其能在多大程度上参与和影响企业的关键决议（Hermalin & Weisbach，2001）。很明显，大股东通过关联董监能够获得超额的控制权，使其能够更容易影响企业关键决议，更好地发挥其治理效应（Cheng et al.，2013），从这个角度来说，关联董监的存在必然能够明显强化关联股东的治理能力。另外，从委托代理角度来说，关联董监的存在减少了委托代理的层级，能够在一定程度上缓解代理问题，提升企业的价值（孙光国和孙瑞琦，2018）。当然，不可否认的是，非控股大股东也存在消极的治理效应，非控股大股东可能通过其超额的控制权去追求自身的利益，从而使得其积极效应被抵消，这样的消极效应在中小股东保护机制弱的地区表现得更为显著（Lins，2003）。此外，非控股大股东为保护自身的利益，也会确保关联董监的稳定性，从而使得企业难以从人才市场获得更优秀和更适合的人选（Burkart et al.，2003）。实质上，关联董监的治理效应究其根本是相关股东的意志在企业运营过程中的具体体现，其表现出正或反的效应是由关联股东所决定的。

3.2.2 非控股大股东治理影响公司价值的作用路径分析

非控股大股东对公司价值的影响具有两面性（Luo et al.，2013；Cai et al.，2016；Basu et al.，2016）。一方面，非控股大股东能够通过自身的资源、能力以及知识来影响企业的关键决议，带来公司价值的提升；同时，非控股大股东也能够通过监督内部人的私利行为带来公司价值的提升（Attig et al.，2009；Barroso et al.，2016），表现出监督效应。另一方面，非控股大股东也可能与控股股东共谋，利用"联盟"的超额控制权去追逐私利，导致更严重的"掏空"行为，带来公司价值的下降（Konijn et al.，2011），表现出堑壕效应。这是关于非控股大股东治理效应研究获得的主要结论。

在深入分析非控股大股东治理效应研究的相关文献之后，本书发现，非控股大股东影响公司价值的路径主要包括：代理成本、投资效率、股利分配、现金流量、负债成本等（Maury & Pajuste，2005；Laeven & Levine，2007；Attig et al.，2009；Boateng & Huang，2017；Jiang et al.，2018）。考虑到公司治理研究的目的是实现股东财富最大化，要实现这一目标，对公司来说就是要做到"节流"和"开源"。"节流"简单地理解就是要降低成本，降低成本在公司治理的研究中也就是缓解两类代理成本；"开源"对公司来说，最重要的是实现企业未来预期现金流最优化，未来预期现金流最优的实现取决于企业投资效率最优化。根据这样的思路，本书选取企业代理成本和投资效率作为本书路径研究的重要组成部分。

在非控股大股东影响公司代理成本方面。对于第一类代理成本，委托代理理论认为，股权集中能够促使大股东积极监督管理层，迫使管理层以股东利益最大化为目标进行经营管理，缓解分散股东之间"搭便车"问题，从而降低企业的第一类代理成本（La Porta et al.，1999；Kumar & Zattoni，2014），提升公司价值。对于第二类代理成本，非控股大股东作为公司大股东重要的组成部分，其既可能通过提升企业的信息透明度、提升企业的股利支付率、降低企业的超额贷款比例以及降低企业融资约束水平等方式来限制控股股东的"掏空"行为（Jiang & Peng，2011；Boateng & Huang，2017；姜付秀等，2017）；也可能与控股股东形成共谋，通过超额的控制权去侵占和瓜分中小股东的利益（Konijn et al.，2011）。但考虑到中国上市公司股权仍然相对集中，以及中小股东利益保护机制还不健全等原因，使得中国上市公司的控股股东更容易完全控制公司（Zhang et al.，2014），其不会与非控股大股东形成"利益联盟"去"分享"控制权私有收益，在这样的情况下，作为经济人，非控股大股东更倾向于积极监督控股股东行为，带来企业第二类代理成本的降低，并伴随公司价值的提升。

在非控股大股东影响企业投资效率方面。委托代理理论认为，在股权相对集中的背景下，上市公司股东与股东之间的代理问题以及由此引发的企业非效率投资仍是目前股权结构治理与企业投资效率关系研究的重点（徐莉萍等，2006；Fan et al.，2007；Kalcheva & Lins，2007；毛世平，2009；吴红军和吴世农，2009）。面对控股股东严重的非效率投资行为，非控股大股东存在相互竞争的治理效应，即监督控股股东的非效率投资行为或与之合谋（窦炜，2016）。一方面，委托代理理论指出，非控股大股东有能力和动力去监督控股股东的侵占行为（Volpin，2002；Laeven & Levine，2007；Barroso et al.，2016），提升控股股东控制权私有收益的获取和转移成本（Faccio et al.，2011；Lins et al.，2013；Jameson et al.，2014），带来企业非效率投资水平的降低，特别是过度投资水平的降低。另一方面，由于信息不对称的存在，其也有可能会与控股股东相互合谋，形成利益联盟来共同追逐和分享超额控制权的私有收益（Bae et al.，2012；Bena & Ortiz-Molina，2013；Claessens & Yurtoglu，2013）。因为企业高风险投资带来的高额回报往往由股东独享，而投资成本则与债权人等利益相关者共担，作为经济人，股东之间合谋共同推动企业非效率投资，特别是过度投资的现象可能会更容易出现。

3.2.3　非控股大股东治理影响公司价值的作用边界分析

公司治理机制包括一套正式的或非正式的、内部的或外部的制度或机制，这些机制之间的相互作用构成了企业的运营。良好的公司治理机制是公司能够吸引投资者、提高决策效率以及创造公司价值的关键环节（白重恩等，2005），也是协调好各个利益相关者的保证。单个治理机制的过度使用，对企业来说不一定能取得良好的效果（Agrawal & Knoeber，1996），更有甚者，可能出现负的治理效应。最优的治理机制应该是基于互动关系的不同治理机制的多元组合，各个治理机制之间相互补充或相互替代。因此，为确保公司拥有良好的运营机制，就必须了解各个机制以及它们之间的交互作用。

公司治理机制包括外部公司治理机制和内部公司治理机制。外部公司治理机制主要包括经理人市场、控制权市场以及国家法律法规构建的法制环境等；内部公司治理机制主要有股权结构治理、管理层治理以及董事会治理等。鉴于本书非控股大股东治理效应的研究属于内部治理机制中的股权结构治理机制，以及目前中国资本市场外部治理机制发展还不完善和相关数据难以获取等原因，本书并未将外部机制纳入研究中，而仅将研究框定在企业内部治理机制框架中，以期能够深入分析各内部治理机制之间的交互作用。

在公司内部治理机制中，控股股东和董事会无疑是影响非控股大股东治理效应的最重要机制。控股股东对非控股大股东治理效应的影响取决于控股股东持股比例的高低。在控股股东持股比例高的情况下，控股股东几乎完全控制公司，其仅依靠自己的影响力就能有效地剥削中小股东利益，不会与非控股大股东合谋（Su et al.，2008；Liu et al.，2009；Luo et al.，2012），非控股依附于控股股东存在。当控股股东持股比例较低时，控股股东很难独自掌控公司（Su et al.，2008）；而非控股大股东可以通过对企业关键决议的影响来抑制控股股东通过关联交易以及股利政策等方式侵占中小股东利益的行为，表现出积极的监督效应。董事会对非控股大股东治理效应的影响程度则取决于董事会的有效性。一般认为，董事会规模的扩大往往会带来董事之间的"搭便车"问题以及内部人控制问题（Jensen & Meckling，1976；Yermack，1996；Conyon & He，2011），导致董事会治理的低效率，会弱化非控股大股东治理效应；相反，由于独立董事独立于公司股东以及追求职业声誉等原因，独立董事比例的提升能够提升董事会治理的有效性（Fama & Jensen，1983；梁权熙和曾海舰，2016），从而强化非控股大股东的治理效应。

3.2.4　非控股大股东治理经济后果分析

本书影响效应、作用路径和作用边界的实证研究遵从"非控股大股东治理与公司价值""非控股大股东治理与企业代理成本""非控股大股东治理与企业投资效率"以及"其他治理机制与非控股大股东治理"这样的经典范式，来分别研究非控股大股东治理影响公司价值、代理成本、投资效率以及其他治理机制影响非控股大股东治理的两两逻辑关系。但这些研究并没有具体地分析代理成本和投资效率的中介效应，更没有将对代理成本和投资效率的影响落在公司价值上（Fu，2010；张洪辉，2014），而所有企业级研究，最终的落脚点都应该体现在对公司价值的影响上（李连伟，2017）。为此，本书根据公司治理的理论逻辑关系，在控股股东和董事会治理限定的框架中，构建"非控股大股东—公司价值、非控股大股东—代理成本—公司价值、非控股大股东—投资效率—公司价值"的研究范式。

对上述研究范式的研究，重点就是探讨代理成本和投资效率的中介效应。以往，对中介效应的研究多采用联立方程来完成（Baron & Kenny，1986）。但联立方程成立的前提需要假定研究变量之间的因果关系以及时间的先后顺序，这就会存在诸多的限定。相比之下，结构方程模型的应用会为本书分析中介效应带来诸多便利，它不仅能够通过潜变量分析较容易地估计和解释变量之间的逻辑关系，同时，其能够实现对多个自变量、中介变量以及因变量进行建模分析，避免了标准回归必须基于特别设定来推导变量间直接和间接作用的弊端（高帅，2016）。

基于结构方程模型的分析，本书从系统的角度审视了非控股大股东治理效应，在控股股东和董事会治理限定的框架中，构建了"非控股大股东—公司价值、非控股大股东—代理成本—公司价值、非控股大股东—投资效率—公司价值"研究范式。一方面，这一研究范式为"非控股大股东—公司价值、非控股大股东—代理成本、非控股大股东—投资效率、其他治理机制—非控股大股东治理"研究提供稳健性的检验；另外，更重要的是，将非控股大股东治理的研究落脚在对公司价值的影响上，分析不同路径下非控股大股东影响公司价值的经济后果，提供非控股大股东治理研究重点确定的经验证据。

综上所述，本书将采用现金流权、控制权竞争力以及关联董监来衡量非控股大股东的治理能力，分析非控股大股东治理对公司价值的影响效应，揭示非控股大股东治理的影响路径（代理成本和投资效率），探讨非控股大股东治理的作用边界（控股股东和董事会治理），并最终通过结构方程模型构建非控股大股东治理综合影响模型，即在控股股东和董事会治理限定的框架中，构建

"非控股大股东—公司价值，非控股大股东—代理成本—公司价值，非控股大股东—投资效率—公司价值"研究范式，将非控股大股东治理效应的研究最终落脚在非控股大股东对公司价值的影响上，以估算非控股大股东治理的经济后果，具体如图3-1所示。

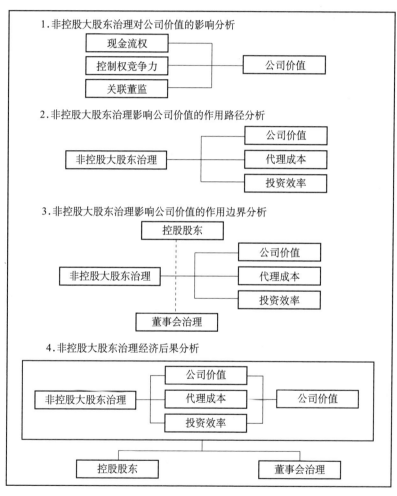

图3-1　非控股大股东治理影响公司价值的作用机制

3.3　本章小结

本章首先对非控股大股东和公司价值进行了界定和度量，然后在此基础上，分析了非控股大股东治理对公司价值的影响。具体结论如下：本书将非控股大股东定义为第 2、第 3 大股东，采用现金流权、控制权竞争力以及关联董监来衡量非控股大股东的治理能力；采用市场价值论来界定公司价值，具体采用托宾值（Tobin's Q）来衡量公司价值；在梳理了非控股大股东影响公司价值机理的基础上，本书将实证分析非控股大股东治理对公司价值的影响效应，揭示非控股大股东治理的影响路径（代理成本和投资效率），探讨非控股大股东治理的作用边界（控股股东和董事会治理），并进一步估算非控股大股东治理的经济后果。

第4章 非控股大股东治理对公司价值的影响研究

4.1 理论分析与研究假设

4.1.1 非控股大股东治理对公司价值的影响分析

委托代理理论指出，非控股大股东具有相互竞争的治理效应，即同时存在监督效应和堑壕效应。沃尔平（Volpin，2002）、赵景文和于增彪（2005）、伊萨科夫和魏斯科普夫（Isakov & Weisskopf，2009）的研究发现，存在多个大股东的公司其价值要大于单个大股东的公司。莫里和帕尤斯特（Maury & Pajuste，2005）、莱温和莱文（Laeven & Levine，2007）、阿提卡等（Attig et al.，2009）则证实了大股东之间投票权差距越小的公司其价值越高。纽伦等（Nguyen et al.，2013）也为大股东之间所有权更均衡地分布能够提高公司价值提供了经验证据。这些研究都证明了非控股大股东表现出积极的监督效应。然而，特里博等（Tribo et al.，2007）采用非控股大股东的人数来勾勒其治理能力，得出非控股大股东与企业投资效率之间存在负相关关系。科宁等（Konijn et al.，2011）也发现了大股东的分布与公司价值之间呈现负相关关系。郑等

（Cheng et al.，2013）从非控股大股东与控股股东的关系出发，发现非控股大股东与控股股东之间存在关系（个人关系、工作关系、所有权关系）的公司其价值更低。这些研究支持了非控股大股东存在堑壕效应的观点。

但总的来说，主流学者认为，非控股大股东表现出积极的监督效应，原因如下：第一，多重股权结构能够减少由于股权分散带来的"搭便车"问题，增强大股东之间对企业控制权的竞争性，从而减少控股股东的私利行为（Pagano & Röell，1998）；第二，大股东数量的增加使得大股东之间难以形成利益联盟或构建联盟的成本过高，促使大股东之间产生更好的监督效应；第三，非控股大股东由于过高的"退出成本"会更加积极地扮演监督角色，如大量出售股票带来的价格效应、交易成本、税收问题等，使得大股东大量出售股票的行为不可取，而扮演积极监督角色更可行（Boateng & Huang，2017）。

另外，更重要的是，在中国情景下，非控股大股东治理可能更倾向于扮演积极的治理角色，原因在于：中国上市公司的股权仍然相对比较集中（Claessens et al.，2000；Faccio & Lang，2002；Sun & Tong，2003），中小股东利益保护机制还不健全，以及企业控制权市场和独立董事等制度限制隧道行为的有限效果（Jiang et al.，2010；Peng et al.，2010），这些情况导致控股股东更容易完全控制企业，其几乎能够完全影响公司的关键决策（Zhang et al.，2014），不会与其他股东分享企业的控制权，结果，作为经济人，非控股大股东为保护自己的利益只能扮演积极的监督角色。

基于以上的理论分析，本章提出如下假设。

假设 4-1：非控股大股东治理能力与公司价值正相关。

4.1.2 不同代理冲突下非控股大股东治理对公司价值的影响分析

为了深入把握非控股大股东的治理角色，本书进一步探讨了不同代理冲突下非控股大股东的治理效应。以往的文献表明，不同性质的企业存在相互区别的治理机制，也面临着不同的代理问题（杜莹和刘立国，2002；Wei & Varela，2003；Anderson & Reeb，2003；安烨等，2011）。在国有企业中，委托人的缺位以及股权的高度集中，常常导致管理层具有超额的控制权，且缺乏有效的监督（Mi & Wang，2000）。因而，管理层利用手中职权追求自身利益（如社会地位、高额薪酬等）的现象司空见惯，使得第一类代理问题在国有企业中尤为严重（Chen et al.，2009）。而在非国有企业中，控股股东通常会通过金字塔链条上的中介公司使得控制权与现金流权严重分离，从而获得超额的控制权（Fan et al.，2005），达到完全控制企业的目的（Cai et al.，2012）；另外，非国有企业的总经理、董事长等关键职务也往往由家族成员担任，使得控股股东更容易去侵占中小股东利益，因而，第二类代理问题在非国有企业中更为严重（王甄和胡军，2016）。相比于国有企业追求宏观和政治目标，非国有企业更倾向于追求企业的利益最大化（Cheng et al.，2013）。因而，本章认为，在非国有企业中，非控股大股东治理与公司价值之间的正相关关系更显著。

除了研究企业性质对非控股大股东治理的影响外，本书还分析了非控股大股东治理效应随两权分离度变化而表现的差异。很明显，当公司的控制权和现金流权分离度加大，控股股东更容易通过其超额的控制权来追求自身的利益，恶化大股东对中小股东的侵占效应，从而导致更严重的第二类代理问题。因而，本章认为，在两权分离度大的样本中，非控股大股东治理与公司价值之间的正相关关系更显著。

基于以上分析，本章提出如下假设。

假设 4 - 2：非控股大股东治理效应在第二类代理问题更严重的公司中更显著。

4.2　模型设计与数据选取

4.2.1　模型设计

鉴于非控股大股东存在监督效应和堑壕效应两种相互竞争的治理效应，本章构造了如下面板数据非线性模型：

$$\text{Tobin's } Q_{i,t} = \beta_0 + I(x) + \beta_1 \text{control}_{i,t} + \varepsilon_{i,t} \qquad (4-1)$$

其中，公司的价值由托宾值（Tobin's Q）衡量；x 是本章的自变量，包括非控股大股东的现金流权、控制权竞争力以及关联董监；I（x）为指示性函数；ε 为残差项；本书采用稳健的标准误来控制潜在的序列相关和异方差性问题（Petersen，2009）。

为确定指示函数 I（x）更优的拟合形式，本章构造了如下一次模型和二次模型：

$$\text{Tobin's } Q_{i,t} = \beta_0 + \beta_1 \text{NCLSs}_{i,t} + \beta_2 \text{control}_{i,t} + \varepsilon_{i,t} \qquad (4-2)$$

$$\text{Tobin's } Q_{i,t} = \beta_0 + \beta_1 \text{NCLSs}_{i,t} + \beta_2 \text{NCLSs}_{i,t}^2 + \beta_4 \text{control}_{i,t} + \varepsilon_{i,t}$$

$$(4-3)$$

模型（4-2）和模型（4-3）分别表现的是非控股大股东治理与公司价值之间的线性关系和非线性关系。进一步，为了确认模型（4-2）和模型（4-3）对数据拟合的优劣，本章构造了如下 F 检验：

$$F^{(2\,\text{VS}\,3)} = \frac{(RSS^2 - RSS^3)/(df^2 - df^3)}{RSS^3/df^3} \sim F(df^2 - df^3, df^3)$$

$$(4-4)$$

其中，RSS^2、RSS^3 分别为模型（4-2）、模型（4-3）的残差平方和，df^2、df^3 分别为对应的自由度，自由度 = 样本量 -（个体效应 + 时期效应）- 变量个数。

采用模型（4-2）、模型（4-3）来检验以下假设：模型（4-3）的检验不显著优于模型（4-2）。具体的判断过程为：若计算得到的 $F^{(2\,\text{VS}\,3)}$ 值大于对应的 F 统计值，则选择模型（4-3）；反之，选择模型（4-2）。

4.2.2　变量选择

因变量。本章选取托宾值（Tobin's Q）来衡量公司价值，托宾值等于股权的市场价值加上公司总负债除以公司总资产。另外，本章采用资产收益率（ROA）和净资产收益率（ROE）进行稳健性检验。

自变量。本章将非控股大股东定义为第 2、第 3 大股东，选取现金流权（CF3）、控制权竞争力（Contest3）、关联董监（RBD_dum、RSBD_dum、RBD、RSBD）来衡量非控股大股东治理能力。在稳健性检验中，本书采用第二大股东的现金流权（CF2）、第二大股东的控制权竞争力（Contest2）以及非控股大股东存在的虚拟变量（NCLSs_dummy）来进行稳健性检验，其中，NCLS_dummy 为虚拟变量，当存在持股比例在 5% 以上的非控股大股东时，记为 1，其他记为 0。

控制变量。本章的控制变量包括：企业性质（State），当控股股东为国有股东或国有法人股东时，记为 1，即 State = 1，其余记为 0；公司规模（ln_Assets）；资产负债比（Leverage）；第一大股

东持股比例（CS）；上市公司上市年限的自然对数（Age）；董事
长与总经理两职合一（CE）；董事会规模（BS）；独立董事比例
（ID）。具体变量定义见表 4 - 1。

表 4 - 1　　　　　　　　　　变量定义

变量	符号	变量定义
托宾值	Tobin's Q	等于股权的市场价值加上公司总负债除以公司总资产
非控股大股东现金流权	CF3	等于第 2、第 3 大股东的持股比例
控制权竞争力	Contest3	等于非控股大股东持股比例除以控股股东持股比例
存在关联董事	RBD_dum	存在关联董事记为 RBD_dum = 1，其他为 0
存在关联监事	RSBD_dum	存在关联监事记为 RSBD_dum = 1，其他为 0
关联董事人数	RBD	关联董事人数
关联监事人数	RSBD	关联监事人数
企业性质	State	当控股股东为国有股东或国有法人股东时记为 1，其余为 0
公司规模	ln_Assets	等于公司总资产的自然对数
资本结构	Leverage	等于总负债除以总资产
控股股东现金流权	CS	即第一大股东持股比例
上市年限	Age	等于公司上市年数的自然对数
两职合一	CE	董事长与总经理两职合一情况，合一记为 1，其余为 0
董事会规模	BS	董事会人数
独立董事比例	ID	独立董事人数占董事会人数的比例

4.2.3　数据来源

本书数据来源于沪深两市 A 股的非金融类公司。由于股权分
置改革开始于 2005 年，且在 2006 年基本完成，所以本书采用
2007 ~ 2016 年作为本书研究的时间窗。另外，为了避免异常数据

对分析结果的影响，本书对数据进行了进一步的整理：本书选取2006年12月31日前上市的公司，以避免公司上市初年数据的变动对结果的影响；另外，本书剔除了资产负债比大于100%的公司以尽量减少其他因素对公司价值的影响。最终，10年1012家公司的数据总计10120个观测样本构成了本书的数据基础。

为了更准确地衡量非控股大股东的公司治理效应，本书通过国泰安数据库和上市公司年报构建大股东信息库，通过手动收集年报中大股东的关联关系信息和企业控制链信息，并依据这些信息重新划分了控股股东和非控股大股东。除此之外，本书手动收集了大股东的关联董监信息，构建了大股东关联董监数据库。其他财务数据和公司治理数据来自国泰安数据库。

4.2.4　描述性统计与相关性分析

表4-2列示的是非控股大股东的描述性统计结果。表内包含两部分内容，即非控股大股东现金流权和控制权竞争力的分布情况（Panel A部分），关联董监的分布情况（Panel B部分）。从Panel A部分的结果可知，非控股大股东现金流权和控制权竞争力均呈现"U"型趋势，现金流权从2007年的9.48%下降到2012年的7.13%，再上升到2016年的9.44%；控制权竞争力从2007年的34.94%下降到2012年的26.04%，再上升到2016年的34.17%。从Panel B部分的结果可知，非控股大股东通过关联董监来影响公司决策的现象广泛存在，其中，24.23%的公司存在关联董事，13.71%的公司存在关联监事。值得注意的是，不管是关联董事还是关联监事，均呈现下降的趋势：关联董事从2007年的33.99%下降到2016年的20.55%，关联监事从2007年的16.30%下降到2016年的10.77%。

表 4 - 2 描述性统计

变量	2007年	2008年	2009年	2010年	2011年	2012年	2013年	2014年	2015年	2016年	总计
观测值	1012	1012	1012	1012	1012	1012	1012	1012	1012	1012	10120
Panel A 非控股大股东的分布											
公司数目	1012	1012	1012	1012	1012	1012	1012	1012	1012	1012	10120
平均持股	9.48	8.95	8.03	7.56	7.32	7.13	7.32	7.54	8.47	9.44	8.12
控制权竞争力	34.94	32.93	29.54	28.03	26.80	26.04	26.87	27.83	31.08	34.17	29.82
Panel B 关联董监分布											
RBD	344	315	276	228	240	217	213	212	199	208	2452
占比（%）	33.99	31.13	27.27	22.53	23.72	21.44	21.05	20.95	19.66	20.55	24.23
RBD = 1	203	182	159	145	145	124	121	140	129	138	1486
RBD = 2	101	103	90	62	76	76	69	60	55	56	748
RBD≥3	40	30	27	21	19	17	23	12	15	14	218
RSBD	165	168	156	124	136	131	141	129	128	109	1387
占比（%）	16.30	16.60	15.42	12.25	13.44	12.94	13.93	12.75	12.65	10.77	13.71
RSBD = 1	136	136	127	104	119	111	121	113	114	99	1180
RSBD = 2	28	31	27	18	16	18	19	16	12	10	195
RSBD≥3	1	1	2	2	1	2	1	0	2	0	12

资料来源：国泰安数据库和上市公司年报。

表 4 - 3 陈述的是关键变量的描述性统计和相关性分析结果。其中，第 2 列、第 3 列描述的是统计结果，结果显示，样本中控股股东 CS 均值为 37.68%，说明上市公司的股权仍然相对集中；独立董事（ID）占比均值为 36.67%，达到董事会 1/3 成员为独立董事的要求；State 的均值为 62.26%，说明国有企业仍在上市公司中占有重要地位，但也应看到，非国有企业也得到了迅猛发展，占样本的 37.74%。第 4 列 ~ 第 18 列描述的是关键变量的相关性分析结果，从结果可知，回归模型中的关键变量之间的相关系数均小于 0.5，说明本章的回归模型不存在严重的多重共线性问题。

表 4 - 3

描述性统计和相关性分析

变量	Mean	Std. dev	1	2	3	4	5	6	7	8	9	10	11	12	13	14	15
1 Tobin's Q	2.493	2.592	1.000														
2 CF3	8.123	7.553	0.078*	1.000													
3 ln_Assets	22.147	1.283	-0.403*	-0.059*	1.000												
4 Leverage	52.405	49.454	0.320*	-0.012	0.106*	1.000											
5 Age	2.604	0.349	0.019*	-0.058*	0.133*	0.020*	1.000										
6 CS	37.676	15.885	-0.121*	-0.314*	0.344*	0.014	-0.098*	1.000									
7 CE	0.134	0.340	0.038*	0.009	-0.077*	-0.021*	0.029*	-0.114*	1.000								
8 BS	9.085	1.867	-0.114*	0.089*	0.230*	0.016	-0.140*	0.070*	-0.120*	1.000							
9 ID	36.672	5.325	0.039*	-0.067*	0.026*	0.004	0.074*	0.007	0.032*	-0.321*	1.000						
10 State	0.623	0.485	-0.128*	-0.091*	0.183*	0.021*	-0.033*	-0.243*	-0.150*	0.174*	-0.047*	1.000					
11 Contest3	29.823	35.020	0.117*	0.833*	-0.153*	-0.018*	-0.012	-0.560*	0.043*	0.044*	-0.031*	-0.169*	1.000				
12 RBD_dum	0.242	0.428	-0.014	0.457*	-0.079*	-0.006	-0.097*	-0.191*	-0.014	0.166*	-0.130*	0.006	0.393*	1.000			
13 RBD	0.364	0.734	-0.015	0.491*	-0.066*	-0.003	-0.095*	-0.194*	-0.012	0.186*	-0.131*	0.014	0.425*	0.876*	1.000		
14 RSBD_dum	0.137	0.344	-0.001	0.370*	-0.035*	-0.002	-0.078*	-0.137*	-0.013	0.105*	-0.077*	0.029*	0.305*	0.502*	0.517*	1.000	
15 RSBD	0.159	0.425	-0.003	0.370*	-0.027*	0.001	-0.088*	-0.138*	-0.009	0.101*	-0.071*	0.028*	0.309*	0.480*	0.528*	0.938*	1.000

注： * 表示至少在 10% 的水平上显著。
资料来源：国泰安数据库和上市公司年报。

4.3　实证结果与分析

4.3.1　非控股大股东治理对公司价值的影响

4.3.1.1　主效应分析

表 4 - 4 显示的是非控股大股东治理与公司价值之间的 OLS 回归结果。模型（1）描述的是非控股大股东现金流权与公司价值之间的关系。从模型（1）的结果可以看到，现金流权的系数（CF3：$\beta = 0.024$，$\rho < 0.01$）在 1% 水平上显著为正，表明非控股大股东现金流权的增加能够带来公司价值的提升。模型（2）描述的是非控股大股东控制权竞争力与公司价值之间的关系。从模型（2）的结果可以看到，控制权竞争力的系数（Contest3：$\beta = 0.007$，$\rho < 0.01$）在 1% 水平上显著为正，表明非控股大股东控制权竞争力的增加也能够带来公司价值的提升。总的来说，非控股大股东治理的提升能够带来企业价值的增加，这一结果与莱温和莱文（Laeven & Levine，2007）的研究结论一致。

表 4 - 4　非控股大股东治理对公司价值的影响效应

变量	因变量：Tobin's Q			
	模型（1）	模型（2）	模型（3）	模型（4）
CF3	0.024 *** (7.009)		0.018 ** (2.226)	
Contest3		0.007 *** (6.259)		0.009 *** (7.552)
$CF3^2$			0.000 (0.675)	

变量	因变量：Tobin's Q			
	模型（1）	模型（2）	模型（3）	模型（4）
Contest3^2				−0.00001 **
				（−2.335）
ln_ Assets	−0.999 ***	−1.000 ***	−0.999 ***	−1.000 ***
	（−22.578）	（−22.638）	（−22.554）	（−22.642）
Leverage	0.020 ***	0.020 ***	0.020 ***	0.020 ***
	（5.538）	（5.598）	（5.537）	（5.594）
Age	0.310 ***	0.306 ***	0.308 ***	0.310 ***
	（4.216）	（4.184）	（4.196）	（4.248）
CS	0.014 ***	0.019 ***	0.013 ***	0.019 ***
	（10.579）	（10.861）	（10.589）	（11.792）
CE	0.036	0.039	0.037	0.037
	（0.593）	（0.638）	（0.595）	（0.606）
BS	0.023 **	0.021 *	0.023 **	0.020 *
	（1.960）	（1.857）	（1.971）	（1.758）
ID	0.022 ***	0.021 ***	0.022 ***	0.021 ***
	（4.995）	（4.797）	（4.992）	（4.810）
State	−0.305 ***	−0.292 ***	−0.306 ***	−0.289 ***
	（−6.678）	（−6.361）	（−6.651）	（−6.288）
Cons_	21.689 ***	21.538 ***	21.725 ***	21.472 ***
	（28.128）	（28.282）	（27.747）	（28.012）
行业	控制	控制	控制	控制
年度	控制	控制	控制	控制
样本量	10120	10120	10120	10120
Adjusted R^2	0.394	0.396	0.394	0.396
F 值	48.24 ***	48.04 ***	48.31 ***	48.02 ***
残差平方和		89987.75		90005.82

注：*** 、** 、* 分别表示1%、5%和10%的显著性水平。

考虑到非控股大股东相互竞争的治理效应，本章进一步回归分析了模型（4−3），模型（3）和模型（4）显示了回归的结果。

结果显示，非控股大股东现金流权与公司价值之间呈线性关系，而控制权竞争力与公司价值之间呈倒 "U" 型关系，且容易计算出倒 "U" 型关系的转折点为 450%。当非控股大股东控制权竞争力小于 450% 时，控制权竞争力与公司价值存在显著的正相关关系，即非控股大股东控制权竞争力的增加有利于公司价值的提升，非控股大股东的监督效应占据主导地位；当非控股大股东控制权竞争力大于 450% 时，控制权竞争力与公司价值存在显著的负相关关系，即非控股大股东控制权竞争力的增加将导致公司价值的下降，非控股大股东的堑壕效应占据主导地位。根据表 4 - 2 可知，非控股大股东的平均控制权竞争力为 29.82%，显著地小于 450%，意味着现阶段非控股大股东更可能表现出监督效应。

进一步，为了确定模型（2）和模型（4）对数据的拟合优劣，本书引进了 F 检验。表 4 - 4 最后一行列示了模型（2）和模型（4）的残差平方和。根据上述 F 检验的规则，容易计算：$F^{(2\,VS\,3)}$ = 2.024 < F（1, 10082）= 3.84，因此，本书认为，模型（2）的拟合性优于模型（4），即现阶段非控股大股东主要表现为积极的监督效应，假设 4 - 1 得到验证。

4.3.1.2　内生性控制

内生性问题一直是公司治理实证研究的难题，但忽略内生性的影响可能得到有偏差的结果。以往的研究指出，内生性问题一般源于反向因果以及遗漏变量等问题（Adams et al., 2010; Wintoki et al., 2012）。在反向因果方面，可能并不是非控股大股东治理能力的提升带来公司价值的增加，相反，可能是由于公司优秀的价值表现引来大股东投资的大量流入。在遗漏变量方面，除了本书关注的现金流权、控制权竞争力以及关联董监等因素外，企业的人力资源、文化特征以及关系网络等也可能是影响非控股大股东与公司价值关系的重要因素。为此，本书采用倾向得分匹配和工具变量法来控制内生性问题对回归结果的影响。

本书采用倾向匹配得分来控制内生性问题。本书采用倾向匹配得分方法来构建匹配样本，样本中包含非控股大股东（以现金流权 5% 为门槛）和相匹配的不含非控股大股东两个子样本。采用这种方法来进行样本匹配能够使得本书得到具有相同基本特征的两个样本，其中一个样本含有非控股大股东，而相匹配的样本则不含非控股大股东，以实现剔除样本差异对结果影响的目的。在控制了行业和年度效应的基础上，本书采用无放回的近邻匹配办法进行匹配，其中，匹配的概率采用 Probit 模型进行回归得到，回归的因变量为非控股大股东存在的虚拟变量（NCLSs_ dummy），自变量包括：公司规模（ln_ Assets）、资产负债比（Leverage）、上市公司上市年限的自然对数（Age）、自由现金流量（FCF）以及企业成长性（Growth）（Demsetz & Lehn，1985；Faccio et al.，2011）。本书最终获得 3557 个含有非控股大股东的样本以及 3557 个匹配样本，总计 7114 个观测样本。

表 4 - 5 呈现了倾向得分匹配模型结果。其中，模型（1）显示了 Probit 模型的结果，从表中可以看到，公司规模和上市年限的系数都在 1% 水平上显著为负，这表明在大规模和成熟的公司中非控股大股东较少，而在较小规模和新创公司中可能出现更多的非控股大股东（Ben-Nasr et al.，2015），造成这一现象的原因可能是由于获得大规模、成熟企业大量股份的成本高昂（Demsetz & Lehn，1985）。模型（2）和模型（3）显示的是本书采用倾向得分匹配样本重新回归模型（4 - 2）的结果。其中，模型（2）采用倾向得分匹配样本探讨非控股大股东现金流权与公司价值之间的关系，结果（CF3：$\beta = 0.031$，$\rho < 0.01$）表明，非控股大股东现金流权与公司价值之间存在显著的正相关关系。模型（3）采用倾向得分匹配样本探讨非控股大股东控制权竞争力与公司价值之间的关系，结

果（Contest3：β = 0.009，ρ < 0.01）表明，非控股大股东控制权竞争力与公司价值之间存在显著的正相关关系。综上所述，倾向得分匹配模型的结果表明，非控股大股东治理能力的提升能够显著地提升公司价值。

表 4 - 5　　非控股大股东治理影响公司价值的倾向匹配得分结果

变量	PSM	PSM 样本的 OLS 回归结果	
	模型（1）	模型（2）	模型（3）
CF3		0.031 ***	
		(9.258)	
Contest3			0.009 ***
			(6.872)
ln_ Assets	- 0.138 ***	- 0.635 ***	- 0.641 ***
	(- 7.600)	(- 13.935)	(- 14.220)
Leverage	- 0.000	- 0.011 ***	- 0.010 ***
	(- 0.230)	(- 6.677)	(- 6.369)
Age	- 0.224 ***	0.369 ***	0.358 ***
	(- 2.720)	(4.818)	(4.726)
CS		0.011 ***	0.019 ***
		(8.684)	(9.442)
CE		0.091	0.101
		(1.331)	(1.488)
BS		0.024 *	0.022 *
		(1.868)	(1.722)
ID		0.018 ***	0.016 ***
		(3.604)	(3.354)
State		- 0.222 ***	- 0.208 ***
		(- 4.740)	(- 4.432)
FCF	- 0.003		
	(- 1.150)		
Growth	- 0.000		
	(- 1.140)		
Constant	3.231 ***	15.577 ***	15.464 ***
	(7.160)	(18.723)	(19.396)

续表

变量	PSM	PSM 样本的 OLS 回归结果	
	模型（1）	模型（2）	模型（3）
行业、年度	Yes	Yes	Yes
样本量	10120	7114	7114
Wald χ^2	242.75 ***		
Pseudo – R^2	0.019		
Adjusted R^2		0.284	0.288
F 值		52.13 ***	54.29 ***

注：***、*分别表示1%、10%的显著性水平。

除倾向得分匹配模型之外，本书还采用了工具变量法来控制内生性对本书研究结论的影响。为确保工具变量回归结果的可靠，本书从国家政策和滞后变量两个方面选取工具变量以达到有效工具变量的要求，即满足两个要求：第一，相关性，指工具变量与内生解释变量相关，即 Cov（xt, pt）≠0；第二，外生性，指工具变量与扰动项不相关，即 Cov（xt, pt）=0。在国家政策方面，本书主要考虑股权分置改革带来的影响：第一，改革的主要目的是变非流通股（国有股和法人股）为流通股，这必然导致不同性质股东持股比例的变化（林莞娟等，2016）；第二，可交易股票数量的大幅度变动必然导致股东数量的变化。所以，在政策方面，本书选取非流通股比例（NTSH）、国有股比例（SOSH）、期末股东人数的自然对数（ln_NS）及其一阶滞后变量作为本书的工具变量。在滞后变量方面，本书选取控股股东持股比例（ln_H1）和前十大股东持股比例（ln_H10）的一阶和二阶滞后变量为工具变量。工具变量在回归方程中的具体选取则根据弱工具变量和过度识别检验的结果来确定。

表4-6呈现了工具变量法的结果，结果分为两部分，即 Panel A 部分和 Panel B 部分。其中，Panel A 部分陈述了工具变量法第一

阶段的回归结果。在第一阶段，本书采用工具变量和其他所有外生变量来解释非控股大股东的现金流权［模型（1）］和控制权竞争力［模型（2）］，结果表明，现金流权和控制权竞争力的工具变量系数（IV1 - CF3：$\beta = 0.527$，$\rho < 0.01$；IV1 - CF3：$\beta = -0.153$，$\rho < 0.01$；IV1 - Contest3：$\beta = 1.856$，$\rho < 0.01$；IV1 - Contest3：$\beta = -0.541$，$\rho < 0.01$）都在 1% 的水平上显著，证明了本书采用的工具变量是有效的。Panel B 部分呈现了工具变量法第二阶段的回归结果。在第二阶段，本书采用第一阶段回归的拟合值作为测试变量，结果表明，现金流权系数（CF3：$\beta = 0.037$，$\rho < 0.01$）和控制权竞争力系数（Contest3：$\beta = 0.011$，$\rho < 0.01$）都在 1% 水平上显著为正，表明了非控股大股东的现金流权和控制权竞争力与公司价值之间呈现显著的正相关关系，再次证明假设 4 - 1 成立。

表 4 - 6　　　非控股大股东治理影响公司价值的工具变量法结果

变量	因变量：Tobin's Q	
	（1）CF3	（2）Contest3
Panel A：第一阶段回归		
IV1 - CF3	0.527 *** (69.790)	
IV2 - CF3	- 0.153 *** (- 14.740)	
IV1 - Contest3		1.856 *** (60.530)
IV2 - Contest3		- 0.541 *** (- 13.290)
Panel B：第二阶段回归		
Independent Variables	0.037 *** (8.832)	0.011 *** (8.850)
ln_ Assets	- 1.002 *** (- 22.745)	- 1.003 *** (- 22.905)
Leverage	0.020 *** (5.552)	0.020 *** (5.644)

变量	因变量：Tobin's Q	
	（1）CF3	（2）Contest3
Panel B：第二阶段回归		
Age	0.345 ***	0.334 ***
	（4.598）	（4.467）
CS	0.016 ***	0.023 ***
	（11.910）	（12.625）
CE	0.042	0.045
	（0.682）	（0.739）
BS	0.018	0.017
	（1.543）	（1.410）
ID	0.023 ***	0.021 ***
	（5.132）	（4.803）
State	−0.293 ***	−0.275 ***
	（−6.466）	（−6.080）
Cons_	21.493 ***	21.285 ***
	（27.738）	（27.531）
行业、年度	控制	控制
样本量	10120	10120
Adjusted R^2	0.393	0.394
Wald χ^2	1741.16 ***	1747.79 ***
工具变量	$\ln\_ H1_{i,t-1}$ $\ln\_ H10_{i,t-1}$	$\ln\_ H1_{i,t-1}$ $\ln\_ H10_{i,t-1}$

注：*** 表示1%的显著性水平。

4.3.1.3 稳健性检验

为确保本章研究结论的可靠，本章从两个角度进行稳健性检验：第一，变量替换，包括因变量替换和自变量替换两部分；第二，采用不同的模型来检验 OLS 回归结果的稳定性。

表4-7描述了变量替换的结果。在表4-7中，模型（1）~模型（4）描述的是因变量替换的结果。其中，模型（1）和模型（2）采用净资产收益率（ROE）衡量公司价值，结果表明，非控股大股东的现金流权（CF3：$\beta = 0.248$，$\rho < 0.01$）和控制权竞争力（Contest3：$\beta = 0.042$，$\rho < 0.01$）与公司价值（ROE）之间在

1% 水平上正相关。模型（3）和模型（4）采用资产收益率（ROA）
衡量公司价值，从模型（3）和模型（4）的结果（CF3：$\beta = 0.082$，
$\rho < 0.01$；Contest3：$\beta = 0.010$，$\rho < 0.01$）也可以得到非控股大股东
治理与公司价值（ROA）之间存在显著的正相关关系的结论。总的
来说，因变量的替换不会改变非控股大股东的治理效应。

　　表 4 – 7 中的模型（5）~ 模型（7）描述的是自变量替换的结
果，模型（5）~ 模型（7）分别采用 NCLSs_dummy、CF2 以及 Con-
test2 来描述非控股大股东的治理能力，探讨其与公司价值之间的
关系。实证结果表明，NCLSs_dummy 的系数（$\beta = 0.148$，$\rho <$
0.01）、CF2 的系数（$\beta = 0.022$，$\rho < 0.01$）以及 Contest2 的系数
（$\beta = 0.008$，$\rho < 0.01$）都在 1% 的水平上显著为正，说明从这三个
角度来衡量非控股大股东治理能力也能得到非控股大股东治理加
强能显著提升公司价值的结论。

　　另外，本书进一步采用不同的模型来探讨非控股大股东治理
与公司价值之间的关系，结果见表 4 – 8。本书分别采用固定效应
模型（FE）、随机效应模型（RE）、广义矩估计（GMM）、泊松模
型（Tobit）以及加权最小二乘法（WLS）回归分析非控股大股东
的现金流权和控制权竞争力对公司价值的影响。实证结果表明，固
定效应模型的自变量系数（CF3：$\beta = 0.030$，$\rho < 0.01$；Contest3：
$\beta = 0.007$，$\rho < 0.01$）、随机效应模型的自变量系数（CF3：$\beta =$
0.026，$\rho < 0.01$；Contest3：$\beta = 0.007$，$\rho < 0.01$）、广义矩估计的
自变量系数（CF3：$\beta = 0.038$，$\rho < 0.01$；Contest3：$\beta = 0.011$，
$\rho < 0.01$）、泊松模型的自变量系数（CF3：$\beta = 0.024$，$\rho < 0.01$；
Contest3：$\beta = 0.007$，$\rho < 0.01$）以及加权最小二乘法的自变量系
数（CF3：$\beta = 0.028$，$\rho < 0.01$；Contest3：$\beta = 0.006$，$\rho < 0.01$）
都在 1% 的水平上显著为正，表明采用以上任何一种回归方法都能
证明非控股大股东治理能显著提升公司价值这一结论。

表4-7 非控股大股东治理影响公司价值的变量替换结果

变量	ROE		ROA		(5) NCLSs_dummy	Tobin's Q	
	(1) CF3	(2) Contest3	(3) CF3	(4) Contest3		(6) CF2	(7) Contest2
Independent Variables	0.248 *** (2.991)	0.042 *** (3.204)	0.082 *** (6.270)	0.010 *** (3.417)	0.148 *** (3.241)	0.022 *** (5.492)	0.008 *** (5.463)
ln_Assets	1.996 *** (4.258)	2.016 *** (4.359)	2.368 *** (15.923)	2.378 *** (15.938)	-0.995 *** (-22.473)	-0.996 *** (-22.493)	-0.996 *** (-22.544)
Leverage	0.009 (0.317)	0.009 (0.319)	-0.294 *** (-15.076)	-0.295 *** (-15.037)	0.020 *** (5.525)	0.020 *** (5.503)	0.020 *** (5.539)
Age	0.109 (0.125)	-0.193 (-0.215)	0.504 *** (2.024)	0.373 (1.512)	0.262 *** (3.561)	0.287 *** (3.904)	0.286 *** (3.922)
CS	0.153 *** (5.327)	0.166 *** (5.419)	0.044 *** (7.635)	0.043 *** (6.628)	0.011 *** (8.667)	0.012 *** (9.590)	0.016 *** (10.128)
CE	0.336 (0.243)	0.309 (0.223)	-0.080 (-0.383)	-0.096 (-0.455)	0.033 (0.531)	0.037 (0.602)	0.043 (0.691)
BS	-0.253 (-0.873)	-0.230 (-0.807)	0.035 (0.846)	0.049 (1.179)	0.029 ** (2.454)	0.024 ** (2.105)	0.022 ** (1.962)
ID	-0.187 ** (-2.458)	-0.198 ** (-2.530)	-0.055 *** (-4.312)	-0.058 *** (-4.558)	0.022 *** (4.857)	0.022 *** (4.945)	0.022 *** (4.849)
State	-1.272 (-1.446)	-1.290 (-1.482)	-0.435 *** (-2.712)	-0.459 *** (-2.860)	-0.316 *** (-6.905)	-0.311 *** (-6.775)	-0.299 *** (-6.462)
Cons_	-35.832 *** (-3.264)	-35.162 *** (-3.114)	-33.950 *** (-13.120)	-33.458 *** (-12.944)	21.917 *** (28.213)	21.787 *** (28.182)	21.619 *** (28.306)
行业、年度	控制	控制	控制	控制	控制	控制	控制
样本量	10120	10120	10120	10120	10120	10120	10120
Adjusted R^2	0.013	0.012	0.818	0.817	0.391	0.392	0.394
F值	10.61 ***	10.11 ***	25.20 ***	25.24 ***	48.03 ***	48.07 ***	47.99 ***

注：***、**分别表示1%、5%的显著性水平。

表 4 - 8　不同回归模型下的非控股大股东治理对公司价值的影响效应

变量	FE		RE		GMM		Tobit		WLS	
	CF3	Contest3	CF3	Contest3	CF3	Contest3	CF3	Contest3	CF3	Contest3
Independent Variables	0.030 *** (8.425)	0.007 *** (8.342)	0.026 *** (8.153)	0.007 *** (8.724)	0.038 *** (8.993)	0.011 *** (9.004)	0.024 *** (8.341)	0.007 *** (10.025)	0.028 *** (6.852)	0.006 *** (8.429)
ln_Assets	-1.319 *** (-35.678)	-1.304 *** (-35.543)	-1.154 *** (-41.446)	-1.149 *** (-41.442)	-0.994 *** (-22.943)	-0.996 *** (-23.120)	-0.999 *** (-53.168)	-1.000 *** (-53.304)	-1.793 *** (-62.073)	-1.855 *** (-62.419)
Leverage	0.023 *** (65.711)	0.023 *** (65.737)	0.022 *** (65.408)	0.022 *** (65.461)	0.020 *** (5.511)	0.020 *** (5.603)	0.020 *** (49.088)	0.020 *** (49.211)	0.023 *** (613.618)	0.023 *** (606.227)
Age	-0.245 (-1.052)	-0.286 (-1.230)	0.039 (0.280)	0.024 (0.175)	0.348 *** (4.649)	0.337 *** (4.516)	0.310 *** (3.874)	0.306 *** (3.828)	0.519 *** (4.278)	0.571 *** (4.562)
CS	0.006 ** (2.479)	0.010 *** (3.598)	0.010 *** (4.596)	0.014 *** (6.081)	0.016 *** (11.883)	0.023 *** (12.633)	0.013 *** (9.051)	0.019 *** (11.094)	0.018 *** (7.401)	0.023 *** (8.872)
CE	0.016 (0.258)	0.028 (0.439)	0.024 (0.390)	0.032 (0.530)	0.048 (0.783)	0.051 (0.840)	0.036 (0.605)	0.039 (0.650)	-0.041 (-0.452)	-0.031 (-0.328)
BS	-0.027 (-1.442)	-0.025 (-1.367)	0.001 (0.042)	0.001 (0.042)	0.017 (1.479)	0.016 (1.344)	0.023 * (1.858)	0.021 * (1.751)	0.060 *** (3.161)	0.079 *** (4.037)
ID	-0.002 (-0.324)	-0.002 (-0.425)	0.006 (1.420)	0.006 (1.273)	0.022 *** (5.055)	0.020 *** (4.721)	0.022 *** (5.540)	0.021 *** (5.289)	0.064 *** (10.783)	0.067 *** (11.074)
State	-0.096 (-1.323)	-0.101 (-1.386)	-0.143 ** (-2.375)	-0.141 ** (-2.348)	-0.285 *** (-6.418)	-0.266 *** (-6.026)	-0.305 *** (-6.830)	-0.292 *** (-6.543)	-0.440 *** (-6.445)	-0.421 *** (-5.981)
Cons_	30.980 *** (31.336)	30.656 *** (31.046)	26.185 *** (37.021)	25.969 *** (36.761)	21.367 *** (27.991)	21.157 *** (27.811)	21.689 *** (46.996)	21.538 *** (46.657)	35.587 *** (48.843)	36.326 *** (48.425)
行业、年度	控制	控制	控制	控制	控制	控制	控制	控制	控制	控制
样本量	10120	10120	10120	10120	10120	10120	10120	10120	10120	10120
Adjusted R^2	0.388	0.388	0.448	0.448	0.393	0.394	0.106	0.107	0.399	0.399
F 值 (Wald χ^2)	207.12 ***	207.05 ***	7740.39 ***	7754.96 ***	1743.95 ***	1750.64 ***	5106.72 ***	5137.38 ***		

注: ***、**、* 分别表示 1%、5% 和 10% 的显著性水平。

4.3.1.4 关联董监对公司价值的影响

为更深入地把握非控股大股东治理影响公司价值的机理，本书进一步采用关联董监来描述非控股大股东的治理能力，探讨其对公司价值的影响，结果见表4-9。从回归结果中可知，关联董监的系数（RBD：β=0.876，ρ<0.01；RBD_dum：β=1.592，ρ<0.01；RBSD：β=1.789，ρ<0.01；RBSD_dum：β=2.190，ρ<0.01）都在1%的水平上显著为正，表明非控股大股东的关联董监能显著提升公司价值。对比表4-9与表4-4以及表4-8的系数，可以发现，关联董监回归系数显著大于现金流权和控制权竞争力的回归系数，表明关联董监确实能够有效地放大股东对公司的影响力，从而更好地发挥其治理效应（Cheng et al.，2013）。

表4-9　　　　关联董监对公司价值的影响效应

变量	(1) RBD	(2) RBD_dum	(3) RSBD	(4) RSBD_dum
Relative Independent Variable	0.876 *** (8.285)	1.592 *** (8.359)	1.789 *** (8.288)	2.190 *** (8.428)
ln_Assets	-0.979 *** (-21.847)	-0.971 *** (-21.582)	-0.994 *** (-22.113)	-0.984 *** (-21.898)
Leverage	0.020 *** (5.399)	0.020 *** (5.391)	0.020 *** (5.351)	0.020 *** (5.382)
Age	0.353 *** (4.408)	0.383 *** (4.714)	0.474 *** (5.432)	0.448 *** (5.242)
CS	0.019 *** (11.793)	0.019 *** (11.613)	0.018 *** (11.528)	0.018 *** (11.405)
CE	0.039 (0.610)	0.050 (0.767)	0.044 (0.674)	0.053 (0.814)
BS	-0.025 * (-1.726)	-0.020 (-1.443)	0.002 (0.133)	-0.000 (-0.019)
ID	0.029 *** (6.159)	0.030 *** (6.318)	0.027 *** (5.616)	0.027 *** (5.708)
State	-0.345 *** (-7.125)	-0.336 *** (-6.888)	-0.376 *** (-7.625)	-0.376 *** (-7.612)

续表

变量	(1) RBD	(2) RBD_dum	(3) RSBD	(4) RSBD_dum
Cons_	20.960 *** (26.257)	20.530 *** (25.400)	20.925 *** (26.145)	20.777 *** (25.890)
内生性检验	111.65 ***	115.04 ***	89.45 ***	90.33 ***
Adjusted R^2	0.326	0.315	0.311	0.312
弱工具变量检验	>10	>10	>10	>10
过度识别检验	0.077	0.099	0.066	0.075
工具变量	$\ln\_H1_{i,t-1}$ $\ln\_H10_{i,t-1}$	$\ln\_H1_{i,t-1}$ $\ln\_H10_{i,t-1}$	$\ln\_H1_{i,t-1}$ $\ln\_H10_{i,t-1}$	$\ln\_H1_{i,t-1}$ $\ln\_H10_{i,t-1}$

注：*** 、 * 分别表示1%、10%的显著性水平。

4.3.2　不同代理冲突下非控股大股东治理对公司价值的影响

国有企业与非国有企业共存是中国上市公司的一个显著特征。大部分的上市公司都是由国有企业转制而来，且国有股份在这些公司中仍占据重要地位（Liu et al.，2015）。同时，随着市场经济的发展，非国有企业对国民经济的增长也做出了巨大的贡献（Allen et al.，2005；Ding et al.，2007）。在本书的样本中，62.26%的样本为国有企业，37.74%为非国有企业。另外，由于国有企业面临更严重的第一类代理问题，而非国有企业面临的第二类代理问题更为严重。因而，将样本分为国有与非国有企业分别研究非控股大股东的治理效应非常必要。

表4-10陈述了国有企业和非国有企业中非控股大股东的治理效应。回归结果表明，无论是在国有企业中（Panel A 部分），还是在非国有企业中（Panel B 部分），非控股大股东治理都能显著地提升公司价值，表明企业性质不会影响非控股大股东的积极治理效应。另外，对比 Panel A 部分和 Panel B 部分的结果，本章还发现，国有企业中自变量回归系数要明显地小于非国有企业，说

明非控股大股东的治理效应在非国有企业（面临更严重的第二类
代理问题）更显著，验证了假设 4-2。

表 4-10   不同企业性质下非控股大股东治理对公司价值的影响

变量	CF3	Contest3	RBD	RBD_dum	RSBD	RSBD_dum
Panel A：国有企业						
自变量	0.031 ***	0.009 ***	0.675 ***	1.282 ***	1.349 ***	1.709 ***
	(8.001)	(8.106)	(7.685)	(7.724)	(7.526)	(7.701)
控制变量	控制	控制	控制	控制	控制	控制
有效性检验	检验	检验	检验	检验	检验	检验
工具变量	$\ln\_NS_{i,t-1}$ $\ln\_H10_{i,t-1}$	$\ln\_NS_{i,t-1}$ $\ln\_H10_{i,t-1}$	$\ln\_NS_{i,t}$ $\ln\_H10_{i,t-1}$	$\ln\_NS_{i,t}$ $\ln\_H10_{i,t-1}$	$\ln\_NS_{i,t}$ $\ln\_H10_{i,t-1}$	$\ln\_NS_{i,t}$ $\ln\_H10_{i,t-1}$
Panel B：非国有企业						
自变量	0.045 ***	0.012 ***	1.280 ***	2.294 ***	2.736 ***	3.107 ***
	(4.959)	(4.997)	(4.541)	(4.417)	(4.526)	(4.443)
控制变量	控制	控制	控制	控制	控制	控制
有效性检验	检验	检验	检验	检验	检验	检验
工具变量	$\ln\_NS_{i,t-1}$ $\ln\_H10_{i,t-1}$	$\ln\_NS_{i,t-1}$ $\ln\_H10_{i,t-1}$	$\ln\_NS_{i,t}$ $\ln\_H10_{i,t-1}$	$\ln\_NS_{i,t}$ $\ln\_H10_{i,t-1}$	$\ln\_NS_{i,t}$ $\ln\_H10_{i,t-1}$	$\ln\_NS_{i,t}$ $\ln\_H10_{i,t-1}$

注：*** 表示 1% 的显著性水平。

除了采用国有企业和非国有企业来区分企业面临的不同代理
问题之外，本章还采用两权分离度来区分不同的企业类别。将企
业划分为两权分离度等于 0 和大于 0 两个样本。

表 4-11 分别陈述了两权分离度等于 0 和大于 0 企业的非控
股大股东的治理效应。回归结果表明，无论两权分离度大于 0 还
是等于 0，非控股大股东的系数都在 1% 水平上显著为正，表明
非控股大股东治理能够显著地提升公司价值。另外，对比 Panel
A 部分和 Panel B 部分的结果，也发现非控股大股东的治理效率
在第二类代理问题更严重的企业（两权分离度大于 0）中更显
著，验证了假设 4-2。

表 4 - 11　　　两权分离情形下非控股大股东治理对公司价值的影响

变量	CF3	Contest3	RBD_dum	RBD	RSBD_dum	RSBD
Panel A：两权分离度 > 0						
自变量	0.040 *** (5.687)	0.011 *** (5.698)	1.114 *** (5.213)	1.922 *** (5.324)	2.143 *** (5.488)	2.483 *** (5.538)
控制变量	控制	控制	控制	控制	控制	控制
有效性检验	检验	检验	检验	检验	检验	检验
工具变量	ln_H1$_{i,t-1}$ ln_H10$_{i,t-1}$	ln_H1$_{i,t-1}$ ln_H10$_{i,t-1}$	ln_H1$_{i,t-1}$ ln_H10$_{i,t-1}$	ln_H1$_{i,t-1}$ ln_H10$_{i,t-1}$	ln_H1$_{i,t-1}$ ln_H10$_{i,t-1}$	ln_H1$_{i,t-1}$ ln_H10$_{i,t-1}$
Panel B：两权分离度 = 0						
自变量	0.035 *** (7.623)	0.010 *** (7.651)	0.718 *** (7.305)	1.362 *** (7.355)	1.533 *** (7.046)	1.952 *** (7.225)
控制变量	控制	控制	控制	控制	控制	控制
有效性检验	检验	检验	检验	检验	检验	检验
工具变量	ln_H1$_{i,t-1}$ ln_H10$_{i,t-1}$	ln_H1$_{i,t-1}$ ln_H10$_{i,t-1}$	ln_H1$_{i,t-1}$ ln_H10$_{i,t-1}$	ln_H1$_{i,t-1}$ ln_H10$_{i,t-1}$	ln_H1$_{i,t-1}$ ln_H10$_{i,t-1}$	ln_H1$_{i,t-1}$ ln_H10$_{i,t-1}$

注：*** 表示 1% 的显著性水平。

4.4　本章小结

本章选取 2007 ~ 2016 年沪深主板市场 1012 家上市公司为样本，用非控股大股东的现金流权、控制权竞争力和关联董监来衡量非控股大股东的治理能力，采用面板数据模型从非线性的角度分析了非控股大股东对公司价值的影响，得到以下结论。

第一，通过面板数据模型实证分析了非控股大股东治理对公司价值的影响。线性模型结果表明，非控股大股东现金流权和控制权竞争力与公司价值呈现显著的正相关关系。非线性模型表明，非控股大股东控制权竞争力与公司价值存在倒 "U" 型关系，且倒 "U" 型关系的转折点为 450%，明显大于样本控制权竞争力均值

29.82%，意味着现阶段非控股大股东更可能表现出监督效应。进一步，F检验的结果也表明，线性模型对样本的拟合度优于非线性模型。综上所述，研究结果表明，非控股大股东治理与公司价值呈现显著的正相关关系，说明提升非控股大股东治理能力能够显著增加公司价值。

第二，为了验证非控股大股东治理与公司价值之间正相关关系的稳定性，本书采用倾向匹配得分法和工具变量法来控制内生性，采用净资产收益率和资产收益率来进行因变量替换，采用NCLSs_dummy、CF2以及Contest2进行自变量替换，并分别采用固定效应模型、随机效应模型等不同的回归模型进行回归分析，结果表明，非控股大股东治理确实能够显著地提升公司价值。

第三，本章进一步引进了非控股大股东的关联董监来探讨非控股大股东的治理效应。实证结果显示：关联董监与公司价值之间存在显著的正相关关系，表明非控股大股东确实能够通过关联董监来提升公司价值。另外，关联董监回归系数显著大于现金流权和控制权竞争力的回归系数，表明关联董监确实能够有效地放大股东对公司的影响力，从而更好地发挥其治理效应。

第四，本章将样本划分为国有和非国有、两权分离度大于零和等于零来进一步检验非控股大股东治理效应在不同代理问题下的表现，研究发现，无论企业面临何种代理问题，非控股大股东治理与公司价值之间都存在显著的正相关效应，而且非控股大股东治理效应在第二类代理问题更严重的企业中更加显著。

第5章 非控股大股东治理影响公司价值的作用路径研究

5.1 理论分析与研究假设

5.1.1 非控股大股东治理对公司代理成本的影响分析

大股东治理角色的理论认识至少可以追溯到施莱费尔和维什尼（Shleifer & Vishny，1986），施莱费尔和维什尼指出，在分散的股权结构中，对经理人的有效监督是一项"公共品"，因而，分散的股权结构无法促使股东去有效监督管理者；只有当股份集中于少数的大股东，且基于这些股份带来的收益足以弥补其监督成本时，大股东才会积极监督经理人，或通过其投票权迫使经理人遵令行事，或发起公司接管、驱逐经理人（吕景胜和邓汉，2010）。从这个角度来看，非控股大股东作为公司大股东的重要组成部分，其存在是缓解分散股东之间"搭便车"问题的重要手段，具备降低第一类代理成本的天然属性（La Porta et al.，1999；Kumar & Zattoni，2014）。

但非控股大股东的监督效应受到以下几点的挑战：第一，依据信息不对称理论和信息层级观点，管理者作为企业的经营者，拥有公司较全面的信息（朱茶芬等，2009），而非控股大股东决策的有用信息明显少于管理者，且非控股大股东决策信息主要源于管理者，因而，在信息不对称情况下，非控股大股东全面监督管理者行为不可能实现。第二，非控股大股东监督管理者行为的效果受到控股股东的影响，这种影响在非国有企业中更为明显，非国有企业关键管理岗位通常来自家族成员（苏忠秦和黄登仕，2012；魏志华等，2012；蔡地等，2016），非控股大股东对这些管理者行为的监督必然受到控股股东的影响，甚至毫无收效。第三，根据经济人假设，在面对强势的控股股东时，非控股大股东如果与管理层形成利益联盟，将明显有利于其监督和限制控股股东的行为，为形成这样的联盟，非控股大股东对管理层的"补偿"是必然的，而这些"补偿"常常以公司的利益为代价，导致更严重的代理问题产生。

尽管对非控股大股东治理缓解第一类代理问题存在一些质疑，但为维护大股东自身的利益，股权的集中天然地促使企业控制权和现金流权的集中，使得大股东更有能力和动力去监督管理者行为，从而带来公司价值提升（Shleifer & Vishny，1986）。为此，本章提出以下假设。

假设5-1： 非控股大股东治理能够缓解第一类代理问题。

委托代理理论认为，相比于第一类代理问题，第二类代理问题反映的是控股股东通过侵占中小股东的利益去追求私利带来企业价值降低的现象（Hoskisson et al.，2000；Morck et al.，2005；Yoshikawa et al.，2005；Su et al.，2008）。但是，以往的治理机制不能有效限制第二类代理问题（Claessens & Fan，2002；Hu et al.，2010；Chen et al.，2011），因此，越来越多的学者将目光聚集在非控股大股东治理上，以期其能够有效遏制控股股东的侵占行为。

回顾相关的研究，发现非控股大股东治理对第二类代理问题具有相互竞争的治理效应，即监督效应和堑壕效应（Bennedsen &

Wolfenzon，2000；Gomes & Novaes，2001；刘慧龙等，2009）。监督效应揭示非控股大股东作为经济人，基于保护自身利益免于控股股东侵占，其有能力和动力去监督和降低控股股东的剥削行为（Bennedsen & Wolfenzon，2000；Jiang & Peng，2011），股东之间相互监督、退出威胁缓解了控股股东的侵占行为（Su et al.，2008；Young et al.，2008；Attig et al.，2013；姜付秀等，2015；Hope et al.，2017）。堑壕效应却揭示出非控股大股东可能与控股股东之间形成联盟去剥削中小股东的利益（Attig et al.，2009），控股股东与非控股大股东相互勾结，使得控制权更严重地偏离现金流权，从而更加便于大股东侵占和瓜分中小股东的利益。

考虑到中国资本市场的实际情况，本书认为，非控股大股东的监督效应在现阶段占据主导地位。具体来说，即使经过股权分置改革，中国上市公司的股权结构仍然比较集中，控股股东的平均持股比例达到总股本的 1/3（Jiang & Kim，2015），在这样的情况下，依据经济人假设，控股股东与非控股大股东形成"利益联盟"去"分享"其"侵占利益"的可能性不大，为了保护自身的利益，非控股大股东倾向于监督控股股东行为，从而降低企业的第二类代理成本。

基于以上理论分析，本章提出以下假设。

假设 5 - 2：非控股大股东治理能够缓解第二类代理问题。

5.1.2　非控股大股东治理对公司投资效率的影响分析

股权结构是股东在公司治理中行为导向的基础，股东能够通过股权结构带来的现金流权和控制权配置影响企业投资等关键的决策（Jensen & Mecking，1976；La Porta et al.，1999；韩丹和王磊，2016）。委托代理理论指出，在分散的股权结构中，公司的所有权和经营权相互分离导致股东和管理者利益不一致，拥有公司经营权的管理者可能为追求超额控制权、社会声誉、在职消费等私有收益进行非效率投资行为（Guay，1999；Aggarwal et al.，2006；Marginson & Mcaulay，2008；郝颖等，2012）；在集中的股权结构中，控股股东能够通过金字塔结构、交叉持股、同股不同权等方式使得控股股东的控制权偏离其现金流权，从而获得超出所有权的控制权（Bebchuk et al.，2000；Lemmon and Lins，2003；Almeida and Wolfenzon，2006），作为经济人，控股股东有动力、有能力利用超额控制权去追求私有收益，带来非效率投资行为（La Porta et al.，1999；Dyck & Zingales，2004；Aggarwal et al.，2006）。这是近年来股权结构治理与企业投资效率关系研究获得的主要结论。

区别于美英等发达国家上市公司股权分散，中国上市公司的股权仍然是相对集中的（Jiang & kim，2015），因而，上市公司股东与股东之间的代理问题以及由此引发的企业非效率投资是公司治理与企业投资效率关系研究的重点（徐莉萍等，2006；Fan et al.，2007；Kalcheva & Lins，2007；毛世平，2009；吴红军和吴世农，2009）。以往的研究表明，在股权集中背景下，控制权私有收益是导致企业非效率投资的内在动因（La Porta et al.，1999），随着两权分离度的加大，控股股东更倾向于完全控制企业（Cai et al.，2012），为掌控更多的资源，控股股东很可能要求企业进行专用性资产投资，而这些资产的投资往往并非以公司价值最大化为目的的，带来企业资源配置低效率，表现出过度投资现象（陈效东等，2016）。控股股东控制权私有收益不仅会引发企业过度投资，同时也会带来投资不足（Morellec，2004）。投资不足则主要表现为内部协调成本的提高和企业外部融资渠道变窄引致的融资成本增加，从而导致企业放弃净现值为正的投资项目（Zata，2001）。

在股权相对集中的背景下，非控股大股东对企业投资效率的影响存在相互竞争的治理效应，即监督控股股东的非效率投资行为或与之合谋（窦炜，2016）。在监督效应方面，由于股东的现金流权随着股东持股的增加而增加，因而，控股股东控制权私有收益所产生的损失由非控股大股东承担的部分也将随之增高，作为经济人，为确保自身的利益，非控股大股东有能力和动力去监督控股股东的侵占行为（Volpin，2002；Laeven & Levine，2007；Barroso et al.，2016），减少控股股东的专用性资产投资，提升控股股东控制权私有收益的获取和转移成本（Faccio et al.，2011；Lins et al.，2013；Jameson et al.，2014），带来企业非效率投资水平的降低，特别是过度投资水平的降低。但是，由于大股东数量的增加，股东之间为达成投资意向而产生的讨价还价成本上升，这可能会导致更严重的投资不足（窦炜，2016）。基于此，本章提出如下假设。

假设 5 - 3：当非控股大股东治理表现出监督效应时，公司的非效率投资行为得到缓解，公司过度投资行为得到缓解，而投资不足更严重。

另外，非效率投资行为并不总是导致企业的价值降低，相反，高风险往往能带来高收益，且这些超额投资收益往往由股东独享，而投资成本则有很大一部分会转嫁给债权人等利益相关者（Jensen & Meckling，1976；Mikkelson，1981）。从这一点看，作为经济人，非控股大股东为追求自身利益最大化也可能会与控股股东相互合谋，形成利益联盟来共同追逐和分享超额控制权的私有收益（Bae et al.，2012；Bena & Ortiz - Molina，2013；Claessens & Yurtoglu，2013），特别是在资本市场不完善以及信息不对称问题广泛存在的中国市场，这一现象会更容易出现。在这种情况下，非控股大股东治理会带来更加严重的非效率投资行为，特别是过度投资行为。相反，由于股东之间协商成本的下降，可能会缓解企业的投资不足（窦炜，2016）。基于此，本章提出如下假设。

假设 5 - 4: 当非控股大股东治理表现出合谋效应时，公司的非效率投资行为更严重，公司过度投资行为更严重，而投资不足得到缓解。

5.2 模型构建与变量选取

5.2.1 模型设计

为检验非控股大股东治理对两类代理成本的影响，本章参考叶和何（Yan & He，2018）的研究，构建如下回归模型：

$$Agent_{i,t} = \beta_0 + \beta_1 NCLSs_{i,t} + Control_{i,t} + \varepsilon_{i,t} \qquad (5-1)$$

模型（5-1）衡量了非控股大股东治理对两类代理问题的影响，Agent 为本章的因变量，用来衡量公司的代理成本，包括第一类代理成本和第二类代理成本。

为检验非控股大股东治理对上市公司投资效率的影响，本章参考徐倩（2014）的研究，构建如下回归模型：

$$Investment\ Efficiency_{i,t} = \beta_0 + \beta_1 NCLSs_{i,t} + Control_{i,t} + \varepsilon_{i,t}$$
$$(5-2)$$

其中，Investment Efficiency 为本章的因变量，用来衡量上市公司的投资效率，包括非效率投资、过度投资以及投资不足。

5.2.2 变量选取

5.2.2.1 因变量

第一类代理成本。昂等（Ang et al.，2000）认为，资产周转率、财务费用率、营业费用率和管理费用率等都可以衡量股东与管理层之间的代理成本，因此，本书选择财务费用率（FC）来衡量企业的第一类代理成本，采用总资产周转率（TAT）来进行稳健性检验（杨德明等，2009）。

第二类代理成本。第二类代理问题反映的是大股东对中小股东利益侵占问题，为此，本书选取控股股东净占款率（NFCS）来衡量企业的第二类代理成本（叶康涛等，2007；窦欢和陆正飞，2017）。另外，约翰逊等（Johnson et al.，2000）发现，大股东常常通过关联企业交易来剥削中小股东的利益，由于这些行为常反映在上市公司资产负债表的"其他应收款"科目中（Cheung et al.，2006；Peng et al.，2011），因此，本章采用其他应收款资产比（ORSTA）来进行稳健性检验（杨德明等，2009）。

非效率投资。本书采用理查森（Richardson，2006）的预期投资模型来测算企业非效率投资、过度投资以及投资不足。具体如下：

$$\begin{aligned}
\text{Newinvestment}_{i,t} = {} & \beta_1 + \beta_2 \text{Return}_{i,t-1} + \beta_3 \text{Tobin's } Q_{i,t-1} + \beta_4 \text{Cash}_{i,t-1} \\
& + \beta_5 \text{CS}_{i,t-1} + \beta_6 \text{Age}_{i,t-1} + \beta_7 \text{Leverage}_{i,t-1} \\
& + \beta_8 \ln\_\text{Assets}_{i,t-1} + \beta_9 \text{Newinvestment}_{i,t-1} + \gamma_t + \delta_t + \varepsilon_{i,t}
\end{aligned}$$

$$(5-3)$$

模型（5-3）中，Newinvestment 为当年经过总资产标准化后的企业新增投资支出，其中，企业新增投资支出 = 购建固定资产、无形资产及其他长期资产的支出 + 取得子公司及其他营业单位支付的现金净额 - 处置固定资产、无形资产及其他长期资产的现金净额 - 处置子公司及其他营业单位支付的现金净额 - 当期计提的折旧和摊销（刘慧龙等，2014；罗明琦，2014）；Return 为考虑了现金红利再投资的年个股回报率；Cash 为经过总资产标准化的货币资金；γ_t 和 δ_t 分别表示年度效应和行业效应。模型（5-3）利用滞后一期的数据来测算企业当年的最优投资水平，即预期投资水平，而残差为未预期的投资支出，即非效率投资部分，通常，将残差大于 0 定义为过度投资，而将残差小于 0 定义为投资不足。

5.2.2.2　自变量

自变量。本书将非控股大股东定义为第 2～第 3 大股东，采用现金流权、控制权竞争力以及关联董监来衡量非控股大股东的治理能力。具体论述见第 4 章，在此不再赘述。

5.2.2.3　控制变量

非控股大股东对两类代理成本影响研究的控制变量包括：公司价值（Tobin's Q）、第一大股东持股比例（CS）、资产负债率（Leverage）、公司规模（ln_Assets）、上市年限（Age）、总经理与董事长两职合一（CE）、独立董事比例（ID）和企业性质（State）。

非控股大股东对投资效率影响研究的控制变量包括：公司价值（Tobin's Q）、自由现金流（FCF）、第一大股东持股比例（CS）、上市公司年限（Age）、资产负债比（Leverage）、公司规模（ln_Assets）和企业性质（State）。具体变量定义见表 5-1。

表 5-1　　　　　　　　　　变量定义

变量	符号	变量定义
财务费用率	FC	等于财务费用除以营业收入
总资产周转率	TAT	等于销售收入除以总资产
其他应收款资产比	ORSTA	等于其他应收款除以总资产
控股股东净占款率	NFCS	等于控股股东净占用上市公司资金除以总资产
非效率投资	Absinvestment	等于模型（5-3）残差的绝对值
过度投资	Overinvestment	等于模型（5-3）残差为正的数据
投资不足	Underinvestment	等于模型（5-3）残差为负的数据的绝对值
非控股大股东现金流权	CF3	等于第 2～第 3 大股东的持股比例
存在关联董事	RBD_dum	存在关联董事记为 RBD_dum=1，其他为 0
存在关联监事	RSBD_dum	存在关联监事记为 RSBD_dum=1，其他为 0
关联董事人数	RBD	关联董事人数
关联监事人数	RSBD	关联监事人数
控制权竞争力	Contest3	等于非控股大股东持股比例除以控股股东持股比例

变量	符号	变量定义
托宾值	Tobin's Q	等于股权的市场价值加上公司总负债除以公司总资产
公司规模	ln_ Assets	等于公司规模的自然对数
资本结构	Leverage	等于总负债除以总资产
控股股东现金流权	CS	即第一大股东持股比例
上市年限	Age	等于公司上市年数的自然对数
两职合一	CE	董事长与总经理两职合一情况，合一记为1，其余为0
独立董事比例	ID	独立董事人数占董事会人数的比例
自由现金流量	FCF	自由现金流量
企业性质	State	控股股东为国有股东或国有法人股东时记为1，其余的记为0

5.2.3　数据来源

本书数据的收集和整理详见第4章，不再赘述。

5.2.4　描述性统计与相关性分析

表5-2列示了两类代理成本和非效率投资的描述性统计结果。从表中可以看到，样本的第一类代理成本平均水平为3.29%，第二类代理成本平均水平为-5.70%。样本的平均非效率投资水平为3.45%。其中，过度投资的均值为4.07%，存在过度投资现象的公司占总样本的42.40%；投资不足的均值为2.96%，存在投资不足现象的公司占总样本的57.60%。总体来说，样本公司的过度投资比投资不足更严重，但投资不足现象更加普遍。

表5-3列示了主要变量的相关性分析结果。从结果可以看到，关键变量之间的相关系数都小于0.5，说明后续的回归分析中不必担心多重共线性对结果造成影响。

表 5-2

描述性统计

变量	2007 年	2008 年	2009 年	2010 年	2011 年	2012 年	2013 年	2014 年	2015 年	2016 年	总计
观测值	1012	1012	1012	1012	1012	1012	1012	1012	1012	1012	10120
Panel A：第一类代理成本											
公司数目	1012	1012	1012	1012	1012	1012	1012	1012	1012	1012	10120
平均水平（%）	3.10	2.54	2.90	1.97	3.91	3.23	3.20	4.27	3.91	3.85	3.29
Panel B：第二类代理成本											
公司数目	1012	1012	1012	1012	1012	1012	1012	1012	1012	1012	10120
平均水平（%）	-3.31	-4.49	-5.89	-6.39	-6.28	-6.60	-6.28	-6.44	-5.61	-5.73	-5.70
Panel C：非效率投资											
公司数目	1012	1012	1012	1012	1012	1012	1012	1012	1012	1012	10120
平均水平（%）	3.89	4.11	3.55	3.74	3.59	3.02	2.92	2.94	3.18	3.56	3.45
Panel C-1：过度投资											
公司数目	423	403	408	408	421	445	453	414	471	445	4291
占比（%）	41.80	39.82	40.32	40.32	41.60	43.97	44.76	40.91	46.54	43.97	42.40
平均水平	4.65	5.16	4.41	4.64	4.31	3.43	3.27	3.60	3.41	4.05	4.07
Panel C-2：投资不足											
公司数目	589	609	604	604	591	567	559	598	541	567	5829
占比（%）	58.20	60.18	59.68	59.68	58.40	56.03	55.24	59.09	53.46	56.03	57.60
平均水平	3.34	3.41	2.98	3.14	3.07	2.70	2.65	2.49	2.97	3.18	2.96

资料来源：国泰安数据库和上市公司年报。

表 5 - 3　相关性分析

变量	Mean	Std. dev	1	2	3	4	5	6	7	8	9	10	11	12	13	14	15	16	17	18
1 FC	3.287	22.485	1.000																	
2 TAT	0.711	0.597	-0.085*	1.000																
3 NFCS	-5.701	15.186	0.008	-0.002	1.000															
4 ORSTA	2.354	4.264	0.052*	-0.061*	0.169*	1.000														
5 Absinvestment	3.451	4.611	0.016	-0.061*	0.060*	0.066*	1.000													
6 CF3	8.123	7.553	-0.018*	0.025*	0.016	0.006	0.069*	1.000												
7 ln_Assets	22.147	1.283	0.001	0.037*	-0.131*	-0.156*	-0.098*	-0.059*	1.000											
8 Leverage	52.405	49.454	0.033*	0.025*	-0.261*	0.023*	-0.019*	-0.012	0.106*	1.000										
9 Age	2.604	0.349	0.019*	-0.081*	-0.105*	0.018*	-0.042*	-0.058*	0.133*	0.020*	1.000									
10 CS	37.676	15.885	-0.021*	0.071*	-0.101*	-0.138*	-0.037*	-0.314*	0.343*	0.014	-0.098*	1.000								
11 ID	36.672	5.325	0.006	-0.050*	0.010	0.036*	-0.008	-0.067*	0.026*	0.004	0.074*	0.007	1.000							
12 State	0.623	0.485	-0.009	-0.057*	-0.064*	-0.089*	-0.055*	-0.091*	0.183*	0.021*	-0.033*	0.243*	-0.047*	1.000						
13 Tobin's Q	2.493	2.592	-0.016*	0.039*	-0.035*	0.108*	0.119*	0.078*	-0.403*	0.320*	0.019*	-0.121*	0.039*	-0.128*	1.000					
14 Contest3	29.823	35.020	-0.018*	-0.008	0.039*	0.050*	0.059*	0.833*	-0.153*	-0.018	-0.012	-0.560*	-0.031*	-0.169*	0.117*	1.000				
15 RBD_dum	0.242	0.428	0.017*	0.015	0.009	0.036*	0.027*	0.457*	-0.079*	-0.001	-0.097*	-0.191*	-0.130*	0.006	-0.014	0.393*	1.000			
16 RBD	0.364	0.734	0.011	0.005	-0.003	0.024*	0.024*	0.491*	-0.066*	-0.003	-0.095*	-0.194*	-0.131*	0.014	-0.015	0.425*	0.876*	1.000		
17 RSBD_dum	0.137	0.344	0.030*	-0.008	0.014	0.010	0.010	0.370*	-0.035*	-0.002	-0.078*	-0.137*	-0.077*	-0.029*	-0.001	0.305*	0.502*	0.517*	1.000	
18 RSBD	0.159	0.425	0.036*	-0.000	0.016*	0.013	0.008	0.370*	-0.027*	0.001	-0.088*	-0.138*	-0.071*	0.028*	-0.003	0.309*	0.480*	0.528*	0.938*	1.000

注：表中带 * 号数据表示至少在 10% 水平上显著。

资料来源：国泰安数据库和上市公司年报。

5.3 实证结果与分析

5.3.1 基础回归

在进行主效应分析之前，本书首先分析了公司代理成本和非效率投资与公司价值之间的关系，回归结果见表5-4。模型（1）和模型（2）结果陈述了第一类代理成本和第二类代理成本与公司价值之间的关系。从结果来看，两类代理成本的回归系数均为-0.003，且都至少在5%水平上显著为负，表明两类代理成本与公司价值之间都呈现显著的负相关关系，说明降低代理成本能够显著地增加公司价值。模型（3）结果陈述了公司的非效率投资与公司价值之间的关系，非效率投资的回归系数为0.046，且在1%水平上显著为正，结果表明，非效率投资与公司价值之间呈现显著的正相关关系，说明提升公司的非效率投资能够显著增加公司价值。

表5-4　　　代理成本与非效率投资对公司价值的影响

变量	公司价值：Tobin's Q		
	（1）第一类代理成本	（2）第二类代理成本	（3）非效率投资
Independent Variables	-0.003 *** (-2.741)	-0.003 ** (-2.182)	0.046 *** (4.525)
Leverage	0.020 *** (5.520)	0.020 *** (46.489)	0.020 *** (5.504)
ln_ Assets	-0.945 *** (-22.601)	-0.947 *** (-54.165)	-0.931 *** (-22.476)
Age	0.186 ** (2.505)	0.175 ** (2.193)	0.184 ** (2.502)

续表

变量	公司价值：Tobin's Q		
	（1）第一类代理成本	（2）第二类代理成本	（3）非效率投资
State	−0.274 ***	−0.280 ***	−0.243 ***
	（−6.025）	（−6.381）	（−5.288）
Cons_	22.561 ***	22.609 ***	22.053 ***
	（27.751）	（52.178）	（27.129）
年度、行业	控制	控制	控制
样本	10120	10120	10120
Adjusted R^2	0.387	0.386	0.392
F 值	50.34 ***	199.87 ***	50.44 ***

注：*** 、** 分别表示1%、5%的显著性水平。

5.3.2　非控股大股东治理对公司代理成本的影响

5.3.2.1　非控股大股东治理对代理成本的影响

表5−5列示了非控股大股东治理影响两类代理成本的回归结果。模型（1）和模型（2）分别描述了非控股大股东的现金流权和控制权竞争力与第一类代理成本（财务费用率）的关系，结果表明，无论是非控股大股东的现金流权系数（CF3：$\beta = -0.097$，$\rho < 0.05$）还是控制权竞争力的系数（Contest3：$\beta = -0.031$，$\rho < 0.05$），都在5%的水平上显著为负，表明非控股大股东治理与财务费用率之间呈现显著的负相关关系，意味着提升非控股大股东治理能力能够显著地降低第一类代理成本，假设5−1得到证实。

模型（3）和模型（4）分别描述了非控股大股东的现金流权和控制权竞争力与第二类代理成本（控股股东净占款率）的关系，结果表明，无论是非控股大股东的现金流权系数（CF3：$\beta = -0.076$，$\rho < 0.01$）还是控制权竞争力的系数（Contest3：$\beta = -0.021$，$\rho < 0.01$），都在1%的水平上显著为负，表明非控股大股东治理与控

股股东净占款率之间呈现显著的负相关关系，意味着提升非控股大股东治理能力能够显著地降低第二类代理成本，假设 5 - 2 得到证实。

表 5 - 5　　　　　　非控股大股东对两类代理成本的影响

变量	因变量：FC		因变量：NFCS	
	（1）CF3	（2）Contest3	（3）CF3	（4）Contest3
Independent Variables	- 0. 097 **	- 0. 031 **	- 0. 076 ***	- 0. 021 ***
	（- 2. 530）	（- 2. 076）	（- 3. 871）	（- 4. 062）
ln_Assets	- 0. 108	- 0. 101	- 0. 649 ***	- 0. 647 ***
	（- 0. 371）	（- 0. 357）	（- 3. 588）	（- 3. 573）
Leverage	0. 015	0. 015	- 0. 071 ***	- 0. 071 ***
	（1. 061）	（1. 065）	（- 4. 100）	（- 4. 078）
Age	0. 130	0. 128	- 3. 415 ***	- 3. 391 ***
	（0. 184）	（0. 179）	（- 6. 680）	（- 6. 657）
CS	- 0. 050 ***	- 0. 074 ***	- 0. 085 ***	- 0. 100 ***
	（- 3. 206）	（- 5. 072）	（- 8. 313）	（- 8. 574）
CE	0. 064	0. 049	0. 521	0. 515
	（0. 115）	（0. 089）	（1. 256）	（1. 241）
BS	0. 080	0. 089	0. 101	0. 104
	（1. 213）	（1. 205）	（1. 303）	（1. 338）
ID	0. 015	0. 019	0. 111 ***	0. 115 ***
	（0. 492）	（0. 623）	（4. 032）	（4. 153）
State	- 0. 536	- 0. 600	- 2. 207 ***	- 2. 242 ***
	（- 1. 018）	（- 1. 191）	（- 6. 986）	（- 7. 091）
Cons_	9. 126 *	9. 922 *	19. 247 ***	19. 638 ***
	（1. 673）	（1. 673）	（5. 243）	（5. 330）
行业、年度	控制	控制	控制	控制
样本量	10120	10120	10120	10120
Adjusted R^2	0. 006	0. 007	0. 188	0. 188
F 值	19. 39 ***	19. 95 ***	45. 71 ***	45. 81 ***

注：*** 、** 、* 分别表示1%、5%和10%的显著性水平。

5.3.2.2　控制内生性影响

非控股大股东治理对代理成本的影响研究不得不考虑内生性

问题，因为非控股大股东治理与两类代理成本的关系可能受到反向因果和遗漏变量等内生性问题的影响。具体来说，可能并不是由于非控股大股东治理能力的提升带来代理成本的下降，相反，可能是由于代理成本的下降才吸引更多的非控股大股东加入企业。另外，除了非控股大股东的治理之外，控制权市场、企业文化以及企业的关系网络也可能是影响代理成本的重要因素。因此，为了避免这些内生性问题对本书研究结果的影响，本书采用倾向得分匹配和工具变量法对相关内生性问题进行控制。

　　本书采用倾向匹配得分来控制内生性问题。和第 4 章的方法一样，本书也构建了匹配样本，包含非控股大股东（以现金流权 5% 为门槛）和相匹配的不含非控股大股东两个子样本，通过分析两个样本以实现剔除样本差异对结果影响的目的。本书中，在控制了行业和年度效应的基础上，采用无放回的近邻匹配办法进行倾向匹配得分，在匹配过程中，本书采用 Probit 模型进行回归，回归的因变量为非控股大股东存在的虚拟变量（NCLSs_ dummy），自变量包括：公司规模（ln_Assets）、资产负债比（Leverage）、上市公司上市年限的自然对数（Age）、资产收益率（ROA）（Demsetz & Lehn，1985；Faccio et al.，2011）。本书最终获得3557 个含有非控股大股东的样本以及 3557 个匹配样本，总计7114 个观测样本。

　　表 5 - 6 描述的是非控股大股东治理影响代理成本的倾向匹配得分结果。模型（1）和模型（4）显示了 Probit 模型的结果，从结果中可以看到，公司规模和上市年限的系数都在 1% 水平上显著为负，这表明在大规模和成熟的公司中非控股大股东较少，而在较小规模和新兴公司中可能出现更多的非控股大股东（Ben-Nasr et al.，2015），造成这一现象的原因，可能是由于获得大规模、成熟企业大量股份的成本高昂（Demsetz & Lehn，1985）。资产负债比系数在 1% 水平上显著为正，表明在高资产负债比的企业中，可能

促使更多非控股大股东存在，且这些大股东更倾向于表现出积极的监督效应以限制控股股东通过超额负债来进行侵占行为（Boateng & Huang，2017）。资产收益率系数在1%水平上显著为正，表明在资产收益率高的企业中，可能存在更多的非控股大股东，这可能是因为公司优秀的价值表现吸引了更多的投资者。

模型（2）和模型（3）显示的是采用倾向得分匹配样本重新回归分析非控股大股东治理与第一类代理成本关系的结果。其中，模型（2）采用倾向得分匹配样本探讨了非控股大股东现金流权与第一类代理成本之间的关系，结果（CF3：$\beta = -0.104$，$\rho < 0.05$）表明，非控股大股东现金流权与第一类代理成本之间存在显著的负相关关系。模型（3）采用倾向得分匹配样本探讨了非控股大股东控制权竞争力与第一类代理成本之间的关系，结果（Contest3：$\beta = -0.031$，$\rho < 0.01$）表明，非控股大股东控制权竞争力与第一类代理成本之间存在显著的负相关关系。综上所述，倾向得分匹配模型的结果证明，非控股大股东治理能够显著地降低第一类代理成本。

模型（5）和模型（6）显示的是采用倾向得分匹配样本重新回归分析非控股大股东治理与第二类代理成本关系的结果。其中，模型（5）采用倾向得分匹配样本探讨了非控股大股东现金流权与第二类代理成本之间的关系，结果（CF3：$\beta = -0.097$，$\rho < 0.01$）表明，非控股大股东现金流权与第二类代理成本之间存在显著的负相关关系。模型（6）采用倾向得分匹配样本探讨了非控股大股东控制权竞争力与第二类代理成本之间的关系，结果（Contest3：$\beta = -0.031$，$\rho < 0.01$）表明，非控股大股东控制权竞争力与第二类代理成本之间存在显著的负相关关系。综上所述，倾向得分匹配模型的结果证明，非控股大股东治理能够显著地降低第二类代理成本。

表 5 - 6　　非控股大股东治理影响代理成本的倾向匹配得分结果

变量	因变量: FC			因变量: NFCS		
	PSM	PSM 样本 OLS 回归结果		PSM	PSM 样本 OLS 回归结果	
	(1)	(2) CF3	(3) Contest3	(4)	(5) CF3	(6) Contest3
Independent Variables		-0.104 ** (-2.512)	-0.031 *** (-3.107)		-0.097 *** (-4.420)	-0.031 *** (-5.810)
ln_ Assets	-0.179 *** (-8.880)	-0.876 *** (-2.947)	-0.857 *** (-2.891)	-0.179 *** (-8.880)	-0.286 * (-1.811)	-0.271 * (-1.721)
Leverage	0.004 *** (3.920)	0.136 *** (7.935)	0.134 *** (7.839)	0.004 *** (3.920)	-0.188 *** (-20.715)	-0.190 *** (-20.925)
Age	-0.223 *** (-2.710)	-0.731 (-0.609)	-0.715 (-0.598)	-0.223 *** (-2.710)	-2.843 *** (-4.463)	-2.848 *** (-4.488)
CS		-0.041 * (-1.855)	-0.068 *** (-2.709)		-0.078 *** (-6.723)	-0.106 *** (-7.980)
CE		0.266 (0.303)	0.232 (0.265)		0.109 (0.234)	0.073 (0.158)
BS		0.054 (0.310)	0.062 (0.353)		-0.027 (-0.295)	-0.018 (-0.195)
ID		0.029 (0.499)	0.034 (0.579)		0.118 *** (3.810)	0.122 *** (3.955)
State		-0.381 (-0.592)	-0.436 (-0.678)		-2.270 *** (-6.647)	-2.329 *** (-6.821)
ROA	0.016 *** (4.760)			0.016 *** (4.760)		
Cons_		22.160 *** (3.055)	22.799 *** (3.156)		19.630 *** (5.097)	20.513 *** (5.352)
行业、年度	控制	控制	控制	控制	控制	控制
样本量	10120	7114	7114	10120	7114	7114
Wald χ^2	264.64 ***			264.64 ***		
Pseudo-R^2	0.020			0.020		
Adjusted R^2		0.010	0.010		0.211	0.213
F 值		3.01 ***	3.11 ***		56.95 ***	57.48 ***

注: ***、**、* 分别表示 1%、5% 和 10% 的显著性水平。

　　另外, 本书还采用工具变量法来控制内生性对本书研究结论的影响。本书工具变量主要来源于国家政策和滞后变量两个方面。在国家政策方面, 本书主要考虑股权分置改革带来的影响: 第一,改革的主要目的是变非流通股（国有股和法人股）为流通股，这必然导致不同性质股东持股比例的变化（林莞娟等，2016）；第二，可交易股票数量的大幅度变动必然导致股东数量的变化。所以，在政策方面，本书选取非流通股比例（NTSH）、国有股比例（SOSH）、期末股东人数的自然对数（ln_NS）及其一阶滞后变量作为本书的工具变量。在滞后变量方面，本书选取控股股东持股比例（ln_H1）和前十大股东持股比例（ln_H10）的一阶和二阶滞后变量为工具变量。工具变量在回归方程中的具体选取则根据弱工具变量和过度识别检验的结果来确定。

表 5-7 呈现了工具变量法的结果，模型（1）和模型（2）分别描述了非控股大股东现金流权和控制权竞争力对第一类代理成本的影响，模型（3）和模型（4）分别描述了非控股大股东现金流权和控制权竞争力对第二类代理成本的影响。另外，模型（1）~模型（4）的结果分为 Panel A 部分和 Panel B 部分。

表 5-7　非控股大股东治理影响代理成本的工具变量法结果

变量	因变量：FC		因变量：NFCS	
	（1）CF3	（2）Contest3	（3）CF3	（4）Contest3
Panel A：第一阶段回归				
IV1-CF3	-0.153 *** (-14.740)		-3.024 *** (-15.100)	
IV2-CF3	0.527 *** (69.790)		-1.316 *** (-6.760)	
IV1-Contest3		-0.541 *** (-13.290)		-9.550 *** (-11.390)
IV2-Contest3		1.856 *** (60.530)		-4.333 *** (-5.310)
Panel B：第二阶段回归				
Independent Variables	-0.178 *** (-3.629)	-0.051 *** (-3.635)	-0.373 *** (-6.261)	-0.116 *** (-6.214)
ln_Assets	-0.088 (-0.306)	-0.083 (-0.288)	-0.577 *** (-3.236)	-0.555 *** (-3.091)

续表

变量	因变量：FC		因变量：NFCS	
	（1）CF3	（2）Contest3	（3）CF3	（4）Contest3
Panel B：第二阶段回归				
Leverage	0.015	0.015	−0.071 ***	−0.071 ***
	(1.057)	(1.066)	(−4.131)	(−4.019)
Age	−0.077	−0.028	−4.182 ***	−4.162 ***
	(−0.110)	(−0.040)	(−7.683)	(−7.661)
CS	−0.064 ***	−0.099 ***	−0.135 ***	−0.222 ***
	(−3.646)	(−4.353)	(−10.197)	(−8.819)
CE	0.033	0.016	0.403	0.351
	(0.058)	(0.029)	(0.963)	(0.836)
BS	0.106	0.114	0.199 **	0.229 ***
	(1.602)	(1.700)	(2.470)	(2.775)
ID	0.012	0.019	0.099 ***	0.115 ***
	(0.378)	(0.626)	(3.521)	(4.065)
State	−0.606	−0.693	−2.468 ***	−2.699 ***
	(−1.144)	(−1.323)	(−7.602)	(−8.010)
Cons_	10.302 *	11.292 **	23.592 ***	26.410 ***
	(1.858)	(1.998)	(5.971)	(6.329)
行业、年	控制	控制	控制	控制
样本量	10120	10120	10120	10120
Adjusted R^2	0.005	0.006	0.169	0.157
Wald χ^2	673.93 ***	671.49 ***	1667.71 ***	1669.13 ***
工具变量	$\ln\_H1_{i,t-1}$ $\ln\_H10_{i,t-1}$	$\ln\_H1_{i,t-1}$ $\ln\_H10_{i,t-1}$	$\ln\_NS_{i,t}$ $\ln\_NS_{i,t-1}$	$\ln\_NS_{i,t}$ $\ln\_NS_{i,t-1}$

注：*** 、** 、* 分别表示1%、5%和10%的显著性水平。

Panel A 部分陈述了工具变量法第一阶段的回归结果。在第一阶段，本书采用工具变量和其他所有外生变量来解释非控股大股东的现金流权［模型（1）和模型（3）］和控制权竞争力［模型（2）和模型（4）］。结果表明，模型（1）和模型（3）的现金流权的工具变量系数［模型（1）：IV1 − CF3，β = − 0.153，ρ < 0.01；IV1 − CF3，β = 0.527，ρ < 0.01；模型（3）：IV1 − CF3，β = − 3.024，ρ < 0.01；IV1 − CF3，β = − 1.316，ρ < 0.01］都在 1% 水平上显

115

著，模型（2）和模型（4）的控制权竞争力的工具变量系数［模型（2）：IV1 - Contest3：$\beta = -0.541$，$\rho < 0.01$；IV1 - Contest3：$\beta = 1.856$，$\rho < 0.01$；模型（4）：IV1 - Contest3：$\beta = -9.550$，$\rho < 0.01$；IV1 - Contest3：$\beta = -4.333$，$\rho < 0.01$］都在 1% 水平上显著，证明本书采用的工具变量是有效的。

Panel B 部分呈现了工具变量法第二阶段的回归结果。在第二阶段，本书采用第一阶段回归的拟合值作为测试变量。模型（1）和模型（2）的结果表明，非控股大股东的现金流权系数（CF3：$\beta = -0.178$，$\rho < 0.01$）和控制权竞争力系数（Contest3：$\beta = -0.051$，$\rho < 0.01$）都在 1% 水平上显著为负，表明非控股大股东的现金流权和控制权竞争力与第一类代理成本之间呈现显著的负相关关系，即非控股大股东的现金流权和控制权竞争力的增加能显著减少公司的第一类代理成本，再次证明假设 5 - 1 成立。模型（3）和模型（4）的结果表明，非控股大股东的现金流权系数（CF3：$\beta = -0.373$，$\rho < 0.01$）和控制权竞争力系数（Contest3：$\beta = -0.116$，$\rho < 0.01$）都在 1% 水平上显著为负，表明非控股大股东的现金流权和控制权竞争力与第二类代理成本之间呈现显著的负相关关系，即非控股大股东的现金流权和控制权竞争力的增加能显著减少公司的第二类代理成本，再次证明假设 5 - 2 成立。

5.3.2.3 稳健性检验

为确保本章研究结论的可靠，本章从两个角度进行稳健性检验：第一，变量替换，包括因变量替换和自变量替换两部分；第二，采用不同的模型来检验 OLS 回归结果的稳定性。具体来说，表 5 - 8 描述了变量替换的结果，表 5 - 9 描述了非控股大股东治理与第一类代理成本关系的不同回归模型的结果，表 5 - 10 描述了非控股大股东治理与第二类代理成本关系的不同回归模型的结果。

表 5 - 8 中，模型（1）~模型（5）描述了非控股大股东治理

与第一类代理成本关系的变量替换结果。其中，模型（1）和模型（2）采用总资产周转率替代财务费用率来衡量第一类代理成本，从模型（1）和模型（2）的结果可知，现金流权系数（CF3：β = 0.005，$\rho < 0.01$）和控制权竞争力系数（Contest3：β = 0.001，$\rho < 0.01$）都在 1% 水平上显著为正，表明非控股大股东治理能力的提升能够显著提升公司的资产周转率，意味着非控股大股东治理能力的提升能够显著地降低第一类代理成本。模型（3）～模型（5）分别采用 NCLSs_dummy、CF2 以及 Contest2 进行自变量替换，探讨其与财务费用率之间的关系，实证结果表明，NCLSs_dummy 的系数（β = −0.881，$\rho < 0.010$）、CF2 的系数（β = −0.099，$\rho < 0.05$）以及 Contest2 的系数（β = −0.036，$\rho < 0.010$）都至少在 10% 水平上显著为负，说明非控股大股东治理能力的提升能显著降低第一类代理成本，再次验证了假设 5 − 1。

表 5 − 8 中的模型（6）～模型（10）描述了非控股大股东治理与第二类代理成本的变量替换结果。其中，模型（6）和模型（7）采用其他应收款资产比衡量第二类代理成本，从模型（6）和模型（7）的结果可知，现金流权系数（CF3：β = −0.020，$\rho < 0.01$）和控制权竞争力系数（Contest3：β = −0.005，$\rho < 0.01$）都在 1% 水平上显著为负，表明非控股大股东治理能力的提升能够显著降低公司的其他应收款资产比，意味着非控股大股东治理能力的提升能够显著降低第二类代理成本。模型（8）～模型（10）分别采用 NCLSs_dummy、CF2 以及 Contest2 进行自变量替换，探讨其与控股股东净占款率之间的关系，实证结果表明，NCLSs_dummy 的系数（β = −1.012，$\rho < 0.01$）、CF2 的系数（β = −0.076，$\rho < 0.01$）以及 Contest2 的系数（β = −0.025，$\rho < 0.01$）都在 1% 水平上显著为负，说明非控股大股东治理能力的提升确实能显著降低公司的第二类代理成本，再次验证了假设 5 − 2。

表 5－8　　非控股大股东治理影响代理成本的变量替换结果

变量	因变量：TAT		因变量 FC			因变量：ORSTA		因变量：NFCS		
	(1) CF3	(2) Contest3	(3) NCLSs_dummy	(4) CF2	(5) Contest2	(6) CF3	(7) Contest3	(8) NCLSs_dummy	(9) CF2	(10) Contest2
Independent Variables	0.005*** (5.224)	0.001*** (5.264)	-0.881* (-1.679)	-0.099** (-2.073)	-0.036* (-1.804)	-0.020*** (-3.232)	-0.005*** (-3.110)	-1.012*** (-3.279)	-0.076*** (-3.180)	-0.025*** (-3.717)
In_Assets	0.038*** (8.223)	0.039*** (8.319)	-0.122 (-0.418)	-0.120 (-0.411)	-0.117 (-0.407)	-0.410*** (-7.141)	-0.410*** (-7.161)	-0.656*** (-3.639)	-0.658*** (-3.649)	-0.657*** (-3.640)
Leverage	0.000 (1.166)	0.000 (1.140)	0.015 (1.062)	0.015 (1.063)	0.015 (1.066)	0.003 (0.847)	0.003 (0.850)	-0.071*** (-4.109)	-0.071*** (-4.109)	-0.071*** (-4.094)
Age	-0.024 (-1.261)	-0.029 (-1.551)	0.302 (0.452)	0.212 (0.304)	0.209 (0.297)	0.833*** (5.452)	0.848*** (5.602)	-3.311*** (-6.495)	-3.350*** (-6.553)	-3.342*** (-6.560)
CS	0.004*** (9.421)	0.004*** (5.638)	-0.043** (-2.950)	-0.046** (-2.930)	-0.066*** (-4.962)	-0.023*** (-6.610)	-0.026*** (-6.441)	-0.083*** (-8.147)	-0.082*** (-8.113)	-0.095*** (-8.443)
CE	-0.029** (-2.102)	-0.029** (-2.115)	0.068 (0.122)	0.058 (0.104)	0.031 (0.056)	0.118 (0.801)	0.118 (0.801)	0.511 (1.227)	0.517 (1.244)	0.500 (1.204)
BS	0.005 (1.513)	0.005 (1.604)	0.060 (0.938)	0.076 (1.167)	0.086 (1.170)	0.018 (0.858)	0.017 (0.826)	0.090 (1.158)	0.098 (1.261)	0.104 (1.332)
ID	-0.002* (-1.620)	-0.002* (-1.853)	0.016 (0.544)	0.016 (0.515)	0.018 (0.587)	0.024*** (3.130)	0.025*** (3.238)	0.112*** (4.032)	0.112*** (4.054)	0.114*** (4.121)
State	0.051*** (4.151)	0.051*** (4.154)	-0.508 (-0.975)	-0.517 (-0.985)	-0.575 (-1.152)	-0.405*** (-4.432)	-0.410*** (-4.488)	-2.206*** (-6.979)	-2.192*** (-6.936)	-2.229*** (-7.050)
行业、年度	控制	控制	控制	控制	控制	控制	控制	控制	控制	控制
样本量	10120	10120	10120	10120	10120	10120	10120	10120	10120	10120
Adjusted R²	0.229	0.228	0.006	0.006	0.006	0.078	0.078	0.188	0.188	0.188
F值	119.53***	119.53***	19.39***	19.19***	19.62***	19.10***	19.14***	45.63***	45.56***	45.78***

注：***、**、*分别表示1%、5%和10%的显著性水平。

表 5 - 9 显示了采用广义矩估计（GMM）、泊松模型（Tobit）以及加权最小二乘法（WLS）三种方法回归分析非控股大股东治理与第一类代理成本关系的结果。结果显示，广义矩估计的自变量系数（CF3：$\beta = -0.170$，$\rho < 0.01$；Contest3：$\beta = -0.048$，$\rho < 0.01$）、泊松模型的自变量系数（CF3：$\beta = -0.068$，$\rho < 0.05$；Contest3：$\beta = -0.019$，$\rho < 0.01$）以及加权最小二乘法的自变量系数（CF3：$\beta = -0.231$，$\rho < 0.01$；Contest3：$\beta = -0.060$，$\rho < 0.01$）都至少在 5% 的水平上显著为负，表明非控股大股东治理能显著地降低第一类代理成本。

表 5 - 9　　不同回归模型下非控股大股东治理对第一类代理成本的影响

变量	因变量：FC					
	GMM		Tobit		WLS	
CF3	- 0. 170 *** (- 3. 559)		- 0. 068 ** (- 2. 484)		- 0. 231 *** (- 4. 787)	
Contest3		- 0. 048 *** (- 3. 566)		- 0. 019 *** (- 2. 772)		- 0. 060 *** (- 5. 002)
ln_ Assets	- 0. 163 (- 0. 611)	- 0. 157 (- 0. 591)	0. 591 *** (3. 252)	0. 592 *** (3. 256)	0. 726 *** (2. 608)	0. 847 *** (2. 976)
Leverage	0. 014 (1. 050)	0. 014 (1. 060)	0. 027 *** (6. 909)	0. 026 *** (6. 897)	- 0. 000 (- 0. 531)	0. 000 (0. 084)
Age	0. 157 (0. 251)	0. 202 (0. 328)	1. 001 (1. 304)	1. 026 (1. 339)	- 1. 976 (- 1. 344)	- 1. 905 (- 1. 284)
CS	- 0. 061 *** (- 3. 576)	- 0. 095 *** (- 4. 307)	- 0. 101 *** (- 7. 059)	- 0. 114 *** (- 7. 062)	- 0. 099 *** (- 4. 167)	- 0. 142 *** (- 5. 074)
CE	0. 003 (0. 005)	- 0. 013 (- 0. 023)	- 0. 490 (- 0. 848)	- 0. 495 (- 0. 857)	0. 599 (0. 650)	0. 796 (0. 821)
BS	0. 118 * (1. 845)	0. 125 * (1. 932)	0. 060 (0. 513)	0. 062 (0. 537)	- 0. 206 (- 1. 163)	- 0. 239 (- 1. 310)
ID	0. 005 (0. 184)	0. 013 (0. 438)	0. 007 (0. 186)	0. 010 (0. 267)	- 0. 062 (- 1. 005)	- 0. 057 (- 0. 902)
State	- 0. 774 (- 1. 628)	- 0. 856 * (- 1. 816)	- 1. 651 *** (- 3. 867)	- 1. 681 *** (- 3. 935)	- 0. 437 (- 0. 625)	- 0. 345 (- 0. 481)

变量	因变量：FC					
	GMM		Tobit		WLS	
Cons_	11. 334 ** (2. 124)	12. 269 ** (2. 244)	− 5. 934 (− 1. 334)	− 5. 593 (− 1. 255)	3. 252 (0. 452)	2. 128 (0. 289)
行业、年度	控制	控制	控制	控制	控制	控制
样本量	10120	10120	10120	10120	10120	10120
Adjusted R^2	0. 005	0. 006	0. 004	0. 004	0. 018	0. 020
F 值（Wald χ^2）	674. 41 ***	671. 60 ***	290. 26 ***	291. 78 ***	6. 20 ***	6. 78 ***

注：*** 、** 、* 分别表示 1% 、5% 和 10% 的显著性水平。

表 5 – 10 显示了采用广义矩估计（GMM）、泊松模型（Tobit）以及加权最小二乘法（WLS）三种方法回归分析非控股大股东治理与第二类代理成本关系的结果。结果显示，广义矩估计的自变量系数（CF3：β = − 0. 111，ρ < 0.01；Contest3：β = − 0. 032，ρ < 0.01）、泊松模型的自变量系数（CF3：β = − 0. 063，ρ < 0.01；Contest3：β = − 0. 012，ρ < 0.05）以及加权最小二乘法的自变量系数（CF3：β = − 0. 112，ρ < 0.01；Contest3：β = − 0. 024，ρ < 0.01）都至少在 5% 的水平上显著为负，表明非控股大股东治理能显著降低第二类代理成本。

表 5 – 10　　不同回归模型下非控股大股东治理对第二类代理成本的影响

变量	因变量：NFCS					
	GMM		Tobit		WLS	
CF3	− 0. 111 *** (− 3. 954)		− 0. 063 *** (− 2. 752)		− 0. 112 *** (− 5. 116)	
Contest3		− 0. 032 *** (− 3. 953)		− 0. 012 ** (− 2. 298)		− 0. 024 *** (− 4. 607)
ln_ Assets	− 0. 632 *** (− 3. 483)	− 0. 628 *** (− 3. 456)	− 0. 993 *** (− 6. 095)	− 0. 989 *** (− 6. 072)	− 0. 928 *** (− 6. 555)	− 0. 908 *** (− 6. 412)
Leverage	− 0. 071 *** (− 4. 067)	− 0. 071 *** (− 4. 034)	− 0. 082 *** (− 8. 901)	− 0. 082 *** (− 8. 946)	− 0. 051 *** (− 265. 347)	− 0. 051 *** (− 266. 819)
Age	− 3. 481 *** (− 6. 752)	− 3. 449 *** (− 6. 713)	− 3. 864 *** (− 6. 117)	− 3. 791 *** (− 6. 017)	− 4. 965 *** (− 7. 704)	− 4. 902 *** (− 7. 619)

续表

变量	因变量：NFCS					
	GMM		Tobit		WLS	
CS	−0.090 *** (−8.343)	−0.112 *** (−7.839)	−0.063 *** (−5.247)	−0.070 *** (−5.120)	−0.095 *** (−8.646)	−0.105 *** (−8.534)
CE	0.513 (1.238)	0.503 (1.214)	0.939 ** (2.026)	0.939 ** (2.027)	0.400 (0.848)	0.445 (0.948)
BS	0.118 (1.516)	0.123 (1.575)	−0.133 (−1.332)	−0.138 (−1.389)	0.195 ** (2.027)	0.159 * (1.646)
ID	0.111 *** (4.017)	0.116 *** (4.195)	0.161 *** (5.128)	0.164 *** (5.217)	0.097 *** (3.273)	0.097 *** (3.300)
State	−2.253 *** (−7.133)	−2.307 *** (−7.272)	−3.282 *** (−9.334)	−3.278 *** (−9.321)	−1.861 *** (−5.664)	−1.865 *** (−5.666)
Cons_	19.401 *** (5.266)	20.023 *** (5.403)	27.090 *** (7.070)	26.932 *** (7.028)	26.382 *** (7.353)	26.424 *** (7.359)
行业、年度	控制	控制	控制	控制	控制	控制
样本量	10120	10120	10120	10120	10120	10120
Adjusted R^2	0.188	0.188	0.029	0.029	0.395	0.395
F 值（Wald χ^2）	1649.32 ***	1653.12 ***	1011.18 ***	1008.85 ***	57753.61 ***	57718.27 ***

注：*** 、** 、* 分别表示 1%、5% 和 10% 的显著性水平。

5.3.2.4　关联董监对企业代理成本的影响

进一步，为更深入地把握非控股大股东治理角色，本书采用关联董监来描述非控股大股东的治理能力，探讨其对两类代理成本的影响，结果见表 5 - 11。从表 5 - 11 的结果可知，关联董监与两类代理成本之间存在显著的负相关关系，表明非控股大股东的关联董监能显著降低两类代理成本。对比表 5 - 11 与表 5 - 5、表 5 - 9 及表 5 - 10 的系数，可以发现，关联董监回归系数显著大于现金流权和控制权竞争力的回归系数，表明关联董监确实能够有效地放大股东对公司的影响力，从而更好地发挥其治理效应。

表5-11　非控股大股东关联董监对两类代理成本的影响

变量	因变量: FC				因变量: NFCS			
	(1) RBD	(2) RBD_dum	(3) RSBD	(4) RSBD_dum	(5) RBD	(6) RBD_dum	(7) RSBD	(8) RSBD_dum
Independent Variables	-4.175*** (-3.595)	-7.599*** (-3.589)	-8.540*** (-3.563)	-10.450*** (-3.571)	-14.612*** (-4.918)	-22.341*** (-5.156)	-23.426*** (-4.905)	-29.818*** (-4.886)
ln_Assets	-0.199 (-0.665)	-0.238 (-0.786)	-0.129 (-0.436)	-0.172 (-0.577)	-0.904*** (-4.296)	-0.980*** (-4.640)	-0.660*** (-3.403)	-0.783*** (-3.887)
Leverage	0.015 (1.050)	0.015 (1.042)	0.016 (1.051)	0.015 (1.047)	-0.070*** (-4.437)	-0.070*** (-4.434)	-0.070*** (-4.427)	-0.070*** (-4.410)
Age	-0.115 (-0.159)	-0.262 (-0.347)	-0.695 (-0.820)	-0.570 (-0.694)	-4.957*** (-6.544)	-5.109*** (-6.815)	-6.171*** (-6.884)	-5.933*** (-6.782)
CS	-0.077*** (-4.006)	-0.078*** (-3.997)	-0.075*** (-3.923)	-0.074*** (-3.891)	-0.223*** (-6.977)	-0.201*** (-7.449)	-0.186*** (-7.442)	-0.186*** (-7.289)
CE	0.044 (0.077)	-0.007 (-0.012)	0.020 (0.034)	-0.023 (-0.040)	0.344 (0.688)	0.229 (0.468)	0.322 (0.638)	0.193 (0.382)
BS	0.311*** (3.052)	0.290*** (2.986)	0.185** (2.313)	0.195** (2.397)	0.998*** (4.790)	0.789*** (4.809)	0.453*** (3.715)	0.495*** (3.913)
ID	-0.017 (-0.553)	-0.024 (-0.740)	-0.006 (-0.183)	-0.008 (-0.261)	-0.013 (-0.323)	-0.011 (-0.274)	0.046 (1.288)	0.037 (0.980)
State	-0.360 (-0.646)	-0.403 (-0.728)	-0.214 (-0.371)	-0.210 (-0.362)	-1.824*** (-4.795)	-2.000*** (-5.404)	-1.493*** (-3.812)	-1.454*** (-3.620)
内生性检验	17.80***	19.43***	23.53***	22.00***	36.00***	38.63***	40.86***	40.61***
弱工具检验	>10	>10	>10	>10	>10	>10	>10	>10
过度识别	0.111	0.005	0.001	0.002	0.987	0.001	0.061	0.024
工具变量	$ln\_HI_{i,t-1}$ $ln\_HI10_{i,t-1}$	$ln\_HI_{i,t-1}$ $ln\_HI10_{i,t-1}$	$ln\_HI_{i,t-1}$ $ln\_HI10_{i,t-1}$	$ln\_HI_{i,t-1}$ $ln\_HI10_{i,t-1}$	$ln\_NS_{i,t-1}$ $ln\_HI_{i,t-1}$	$ln\_NS_{i,t-1}$ $ln\_HI_{i,t-1}$	$ln\_NS_{i,t-1}$ $ln\_HI_{i,t-1}$	$ln\_NS_{i,t-1}$ $ln\_HI_{i,t-1}$

注：***、**分别表示1%、5%的显著性水平。

5.3.2.5　不同代理问题下非控股大股东治理对公司代理成本的影响

本章将样本分为国有企业与非国有企业、两权分离度大于 0 和等于 0 来探讨不同代理冲突下非控股大股东治理与两类代理成本的关系。

表 5 – 12 陈述了国有企业和非国有企业中非控股大股东治理对两类代理成本的影响。财务费用率和控股股东净占款率分别为第一类和第二类代理问题衡量变量，作为回归方程的因变量；非控股大股东的现金流权、控制权竞争力以及其关联董监为自变量，用来衡量非控股大股东的治理能力。回归结果表明，无论是在国有企业中（Panel A 部分）还是在非国有企业中（Panel B 部分），非控股大股东治理都能显著地降低两类代理成本。

表 5 – 12　　　　企业性质对非控股大股东与两类代理成本关系的影响

变量	CF3	Contest3	RBD	RBD_dum	RSBD	RSBD_dum
Panel A：国有企业						
第一类代理成本	-0.140^{***} (-3.450)	-0.048^{***} (-3.449)	-6.913^{***} (-2.963)	-8.246^{***} (-3.123)	-11.840^{***} (-3.076)	-15.990^{***} (-2.945)
工具变量	$\ln\_NS_{i,t-1}$ $\ln\_H1_{i,t-1}$	$\ln\_NS_{i,t-1}$ $\ln\_H1_{i,t-1}$	$\ln\_NS_{i,t-1}$ $\ln\_H1_{i,t-2}$	$\ln\_NS_{i,t-1}$ $\ln\_H1_{i,t-2}$	$\ln\_NS_{i,t-1}$ $\ln\_H1_{i,t-1}$	$\ln\_NS_{i,t-1}$ $\ln\_H1_{i,t-1}$
第二类代理成本	-0.378^{***} (-4.829)	-0.131^{***} (-4.802)	-2.371^{***} (-3.505)	-4.358^{***} (-3.477)	-4.735^{***} (-3.440)	-5.879^{***} (-3.452)
工具变量	$\ln\_NS_{i,t}$ $\ln\_H1_{i,t-1}$	$\ln\_NS_{i,t}$ $\ln\_H1_{i,t-1}$	$\ln\_H1_{i,t-1}$ $\ln\_H10_{i,t-1}$	$\ln\_H1_{i,t-1}$ $\ln\_H10_{i,t-1}$	$\ln\_H1_{i,t-1}$ $\ln\_H10_{i,t-1}$	$\ln\_H1_{i,t-1}$ $\ln\_H10_{i,t-1}$
Panel B：非国有企业						
第一类代理成本	-0.464^{***} (-2.761)	-0.117^{***} (-2.764)	-13.171^{***} (-2.712)	-21.440^{***} (-2.699)	-25.992^{***} (-2.655)	-31.013^{***} (-2.664)
工具变量	$\ln\_H1_{i,t-2}$ $\ln\_H10_{i,t-2}$	$\ln\_H1_{i,t-2}$ $\ln\_H10_{i,t-2}$	$\ln\_H1_{i,t-2}$ $\ln\_H10_{i,t-2}$	$\ln\_H1_{i,t-2}$ $\ln\_H10_{i,t-2}$	$\ln\_H1_{i,t-2}$ $\ln\_H10_{i,t-2}$	$\ln\_H1_{i,t-2}$ $\ln\_H10_{i,t-2}$
第二类代理成本	-0.341^{***} (-3.923)	-0.092^{***} (-3.917)	-10.563^{***} (-3.373)	-17.616^{***} (-3.457)	-22.086^{***} (-3.038)	-25.465^{***} (-3.176)

变量	CF3	Contest3	RBD	RBD_dum	RSBD	RSBD_dum
Panel B：非国有企业						
工具变量	$\ln\_NS_{i,t}$ $\ln\_NS_{i,t-1}$	$\ln\_NS_{i,t}$ $\ln\_NS_{i,t-1}$	$\ln\_NS_{i,t-1}$ $SOSH_{i,t-2}$	$\ln\_NS_{i,t-1}$ $SOSH_{i,t-2}$	$\ln\_NS_{i,t-1}$ $SOSH_{i,t-2}$	$\ln\_NS_{i,t-1}$ $SOSH_{i,t-2}$
控制变量	控制	控制	控制	控制	控制	控制
有效性检验	检验	检验	检验	检验	检验	检验

注：*** 表示 1% 的显著性水平。

表 5 – 13 陈述了两权分离度对非控股大股东治理与代理成本关系的影响。回归结果表明，无论两权分离度大于 0（Panel A 部分）还是等于 0（Panel B 部分），非控股大股东治理都能显著地降低两类代理成本。

表 5 – 13　　两权分离度对非控股大股东与两类代理成本关系的影响

变量	CF3	Contest3	RBD	RBD_dum	RSBD	RSBD_dum
Panel A：两权分离度 >0						
第一类代理成本	-0.128 ** (-2.195)	-0.037 ** (-2.235)	-4.149 ** (-2.378)	-7.025 ** (-2.335)	-8.168 ** (-2.308)	-9.495 ** (-2.329)
工具变量	$\ln\_NS_{i,t}$ $\ln\_H10_{i,t-1}$	$\ln\_NS_{i,t}$ $\ln\_H10_{i,t-1}$	$\ln\_NS_{i,t}$ $\ln\_H10_{i,t-1}$	$\ln\_NS_{i,t}$ $\ln\_H10_{i,t-1}$	$\ln\_NS_{i,t}$ $\ln\_H10_{i,t-1}$	$\ln\_NS_{i,t}$ $\ln\_H10_{i,t-1}$
第二类代理成本	-0.267 *** (-3.194)	-0.081 *** (-3.169)	-13.657 *** (-2.738)	-17.515 *** (-2.770)	-20.818 *** (-2.669)	-25.616 *** (-2.692)
工具变量	$\ln\_NS_{i,t}$ $\ln\_NS_{i,t-1}$	$\ln\_NS_{i,t}$ $\ln\_NS_{i,t-1}$	$\ln\_NS_{i,t}$ $\ln\_NS_{i,t-1}$	$\ln\_NS_{i,t}$ $\ln\_NS_{i,t-1}$	$\ln\_NS_{i,t}$ $\ln\_NS_{i,t-1}$	$\ln\_NS_{i,t}$ $\ln\_NS_{i,t-1}$
Panel B：两权分离度 =0						
第一类代理成本	-0.392 ** (-1.999)	-0.126 ** (-2.021)	-3.002 ** (-2.361)	-5.589 ** (-2.364)	-6.410 ** (-2.342)	-8.100 ** (-2.348)
工具变量	$\ln\_NS_{i,t}$ $\ln\_H1_{i,t-1}$	$\ln\ NS_{i,t}$ $\ln\_H1_{i,t-1}$	$\ln\_H1_{i,t-1}$ $\ln\_H10_{i,t-1}$	$\ln\_H1_{i,t-1}$ $\ln\_H10_{i,t-1}$	$\ln\_H1_{i,t-1}$ $\ln\_H10_{i,t-1}$	$\ln\_H1_{i,t-1}$ $\ln\_H10_{i,t-1}$
第二类代理成本	-0.519 *** (-6.467)	-0.165 *** (-6.354)	-3.794 *** (-4.843)	-7.114 *** (-4.786)	-8.101 *** (-4.741)	-10.264 *** (-4.780)
工具变量	$\ln\_NS_{i,t}$ $\ln\_H1_{i,t-1}$	$\ln\_NS_{i,t}$ $\ln\_H1_{i,t-1}$	$\ln\_H1_{i,t-1}$ $\ln\_H10_{i,t-1}$	$\ln\_H1_{i,t-1}$ $\ln\_H10_{i,t-1}$	$\ln\_H1_{i,t-1}$ $\ln\_H10_{i,t-1}$	$\ln\_H1_{i,t-1}$ $\ln\_H10_{i,t-1}$
控制变量	控制	控制	控制	控制	控制	控制
有效性检验	检验	检验	检验	检验	检验	检验

注：*** 、** 分别表示 1% 、5% 的显著性水平。

5.3.3　非控股大股东治理对公司投资效率的影响

5.3.3.1　预期投资模型结果分析

表 5 - 14 列示了模型（5 - 3）的回归结果，从结果中可以看到，滞后一期的新增投资、货币资金、企业规模、企业价值以及年个股回报率都在 1% 的水平上与当期的预期投资显著正相关，说明企业可控资源丰富能够提升企业的投资水平。同时，公司的上市年限和资产结构与当期预期投资显著负相关，说明新兴企业具有更好的发展前景，负债则在中国扮演监督者角色。

表 5 - 14　　　　　　　　　　预期投资模型估计结果

变量	Newinvestment	Cash	Age	ln_Assets	Tobin's Q	Leverage	Return_	F	Adj R^2
系数	0.400 ***	0.059 ***	-0.868 ***	0.542 ***	0.254 ***	-0.006 ***	0.298 ***	34.07 ***	0.210
T 值	22.060	9.074	-4.166	8.364	3.909	-3.468	2.623		

注：*** 表示 1% 的显著性水平。

5.3.3.2　非控股大股东治理对上市公司非效率投资的影响

表 5 - 15 列示了非控股大股东治理与公司非效率投资关系的回归结果，表中采用现金流权、控制权竞争力来衡量非控股大股东的治理能力，采用预期投资模型的残差来衡量非效率投资水平。结果显示，非控股大股东的现金流权（CF3：β = 0.027，ρ < 0.01）和控制权竞争力（CF3：β = 0.004，ρ < 0.05）都与非效率投资水平至少在 5% 的水平上显著正相关，意味着提升非控股大股东治理能力能够显著地提升公司的非效率投资水平，假设 5 - 4 成立。

表 5 - 15　　　　　非控股大股东治理对非效率投资的影响

变量	因变量：Absinvestment	
	（1）　CF3	（2）　Contest3
Independent Variables	0.027 ***	0.004 **
	(3.184)	(2.122)

续表

变量	因变量：Absinvestment	
	（1） CF3	（2） Contest3
Tobin's Q	0. 230 ***	0. 232 ***
	（4. 472）	（4. 486）
FCF	- 0. 027 *	- 0. 027 *
	（ - 1. 846）	（ - 1. 827）
Age	0. 004	- 0. 035
	（0. 022）	（ - 0. 199）
CS	- 0. 000	0. 001
	（ - 0. 052）	（0. 137）
Leverage	- 0. 005 ***	- 0. 005 ***
	（ - 4. 000）	（ - 4. 040）
ln_ Assets	- 0. 059	- 0. 053
	（ - 0. 907）	（ - 0. 817）
State	- 0. 532 ***	- 0. 533 ***
	（ - 5. 304）	（ - 5. 312）
Cons_	4. 512 ***	4. 537 ***
	（2. 968）	（2. 990）
行业、年度	控制	控制
样本量	10120	10120
Adjusted R^2	0. 041	0. 040
F 值	9. 67 ***	9. 59 ***

注：*** 、** 、* 分别表示 1%、5% 和 10% 的显著性水平。

5.3.3.3 控制内生性影响

非控股大股东治理对公司非效率投资的影响不得不考虑内生性问题，因为非控股大股东治理与非效率投资的关系可能受到反向因果和遗漏变量等内生性问题的影响。具体来说，可能并不是由于非控股大股东治理能力的提升带来公司投资效率的提升，相反，可能是由于公司优秀的投资表现才吸引更多的非控股大股东加入企业；另外，除了非控股大股东治理之外，政府政策、企业文化以及企业的关系网络有可能也是影响企业投资效率的重要因素。因此，为了避免这些内生性问题对本书研究结果的影响，本书采用倾向得分匹配和工具变量法对相关内生性问题进行控制。

本书采用倾向匹配得分来控制内生性问题。和前述章节的方法一样，本书也构建了匹配样本，包含非控股大股东（以现金流权 5% 为门槛）和相匹配的不含非控股大股东两个子样本，通过分析两个样本以实现剔除样本差异对结果影响的目的。在控制了行业和年度效应的基础上，本书采用无放回的近邻匹配办法进行倾向匹配得分，在匹配过程中，本书采用 Probit 模型进行回归，回归的因变量为非控股大股东存在的虚拟变量（NCLSs_dummy），自变量包括：企业市场价值（Tobin's Q）、公司规模（ln_Assets）、资产负债比（Leverage）、上市公司上市年限的自然对数（Age）（Demsetz & Lehn，1985；Faccio et al.，2011）。本书最终获得 3557 个含有非控股大股东的样本以及 3557 个匹配样本，总计 7114 个观测样本。

表 5 - 16 描述的是非控股大股东治理影响企业投资效率的倾向匹配得分结果。模型（1）显示了 Probit 模型的结果，从结果中可以看到，公司规模和上市年限的系数都在 1% 水平上显著为负，这表明在大规模和成熟的公司中非控股大股东较少，而在较小规模和新兴公司中可能出现更多的非控股大股东（Ben - Nasr et al.，2015），造成这一现象的原因可能是由于获得大规模、成熟企业大量股份的成本高昂（Demsetz & Lehn，1985）。

模型（2）和模型（3）显示采用倾向得分匹配样本重新回归模型（5 - 2）的结果。其中，模型（2）采用倾向得分匹配样本探讨了非控股大股东现金流权与非效率投资之间的关系，结果（CF3：$\beta = 0.031$，$\rho < 0.01$）表明，非控股大股东现金流权与非效率投资之间存在显著的正相关关系。模型（3）采用倾向得分匹配

样本探讨了非控股大股东控制权竞争力与非效率投资之间的关系，结果（Contest3：$\beta = 0.004$，$\rho < 0.05$）表明，非控股大股东控制权竞争力与非效率投资之间存在显著的正相关关系。综上所述，倾向得分匹配模型的结果证明，非控股大股东治理能够显著地提升企业的非效率投资水平。

表 5－16　　　　非控股大股东治理影响非效率投资的倾向匹配得分结果

变量	PSM	PSM 样本的 OLS 回归结果	
	（1）	（2）CF3	（3）Contest3
Independent Variables		0.031 ***	0.004 **
		（4.078）	（2.324）
Tobin's Q	0.015	0.182 ***	0.188 ***
	（1.480）	（5.905）	（6.074）
FCF		－ 0.030 ***	－ 0.030 ***
		（－ 4.922）	（－ 4.885）
Age	－ 0.225 ***	0.197	0.135
	（－ 2.730）	（0.915）	（0.631）
CS		0.006	0.007
		（1.472）	（1.565）
Leverage	－ 0.000	－ 0.009 ***	－ 0.009 ***
	（－ 0.830）	（－ 2.806）	（－ 2.752）
ln_ Assets	－ 0.124 ***	－ 0.114 **	－ 0.122 **
	（－ 5.980）	（－ 2.058）	（－ 2.188）
State		－ 0.495 ***	－ 0.495 ***
		（－ 4.350）	（－ 4.346）
Cons_		4.640 ***	5.071 ***
		（3.478）	（3.806）
行业、年度	控制	控制	控制
样本量	10120	7114	7114
Pseudo － R^2/Adjusted R^2	0.018	0.043	0.042
Wald χ^2/F 值	241.75 ***	10.69 ***	10.33 ***

注：*** 、** 分别表示1%、5%的显著性水平。

除倾向得分匹配模型之外，本书还采用工具变量法控制内生性对研究结论的影响。本书工具变量主要来源于国家政策和滞后变量两个方面。在国家政策方面，本书主要考虑股权分置改革带来的影响：第一，改革的主要目的是变非流通股（国有股和法人股）为流通股，这必然导致不同性质股东持股比例的变化（林莞娟等，2016）；第二，可交易股票数量的大幅度变动必然导致股东数量的变化。所以，在政策方面，本书选取非流通股比例（NTSH）和期末股东人数的自然对数（ln_NS）及其一阶滞后变量作为工具变量。在滞后变量方面，本书选取控股股东持股比例（ln_H1）和前十大股东持股比例（ln_H10）的一阶和二阶滞后变量为工具变量。工具变量具体选取则根据弱工具变量和过度识别检验的结果来确定。

表 5 - 17 呈现了工具变量法的结果，结果分为两部分，即 Panel A 部分和 Panel B 部分。其中，Panel A 部分陈述了工具变量法第一阶段的回归结果，在第一阶段，本书采用工具变量和其他所有外生变量来解释非控股大股东的现金流权［模型（1）］和控制权竞争力［模型（2）］，结果表明，现金流权和控制权竞争力的工具变量系数（IV1 - CF3：$\beta = 0.117$，$\rho < 0.01$；IV1 - CF3：$\beta = 0.034$，$\rho < 0.01$；IV1 - Contest3：$\beta = 0.394$，$\rho < 0.01$；IV1 - Contest3：$\beta = 0.114$，$\rho < 0.01$）都在 1% 的水平上显著，证明本书采用的工具变量是有效的。Panel B 部分呈现了工具变量法第二阶段的回归结果，在第二阶段，本书采用第一阶段回归的拟合值作为测试变量来探讨非控股大股东治理对企业非效率投资的影响，结果表明，现金流权系数（CF3：$\beta = 0.167$，$\rho < 0.01$）和控制权竞争力系数（Contest3：$\beta = 0.050$，$\rho < 0.01$）都在 1% 水平上显著为正，表明非控股大股东的现金流权和控制权竞争力与公司非效率投资之间呈现显著的正相关关系，证明非控股大股东治理能力的提升能够显著地提升企业非效率投资水平。

表 5 - 17　　　非控股大股东治理影响非效率投资的工具变量法结果

变量	因变量：Absinvestment	
	（1）CF3	（2）Contest3
Panel A：第一阶段回归		
IV1 - CF3	0.117 ***	
	(27.310)	
IV2 - CF3	0.034 ***	
	(4.500)	
IV1 - Contest3		0.394 ***
		(26.290)
IV2 - Contest3		0.114 ***
		(6.110)
Panel B：第二阶段回归		
Independent Variables	0.167 ***	0.050 ***
	(5.673)	(5.647)
Tobin's Q	0.191 ***	0.168 ***
	(3.696)	(3.152)
FCF	- 0.028 **	- 0.027 *
	(- 1.974)	(- 1.850)
Age	0.407 **	0.387 *
	(2.015)	(1.911)
CS	0.024 ***	0.060 ***
	(4.221)	(5.188)
Leverage	- 0.004 ***	- 0.003 ***
	(- 3.134)	(- 2.702)
ln_ Assets	- 0.149 **	- 0.184 ***
	(- 2.324)	(- 2.776)
State	- 0.450 ***	- 0.368 ***
	(- 4.363)	(- 3.417)
行业、年度	控制	控制
样本量	10120	10120
Wald χ^2	357.08 ***	350.20 ***
工具变量	$\mathrm{NTSH}_{i,t}$　　$\ln\_\mathrm{H1}_{i,t-2}$	$\mathrm{NTSH}_{i,t}$　　$\ln\_\mathrm{H1}_{i,t-2}$

注：*** 、** 、* 分别表示 1% 、5% 和 10% 的显著性水平。

5.3.3.4　稳健性检验

为确保本章研究结论的可靠，本章从三个角度进行稳健性检验：第一，样本调整；第二，自变量替换；第三，采用不同的模型来检验 OLS 回归结果的稳定性。

表 5 - 18 描述了样本调整和变量替换的结果。在表 5 - 18 中，模型（1）和模型（2）描述的是样本调整的结果，本章参考张洪辉（2014）的研究，剔除非投资效率 10% 的最小数据来重新估计了回归方程，结果（CF3：β = 0.029，ρ < 0.01；Contest3：β = 0.04，ρ < 0.05）表明，非控股大股东治理与非效率投资之间至少在 5% 水平上显著正相关，说明提升非控股大股东治理能力会带来企业非效率投资水平的增加。

在表 5 - 18 中，模型（3）~ 模型（5）描述的是自变量替换的结果，模型（3）~ 模型（5）分别采用 NCLSs_dummy、CF2 以及 Contest2 来描述非控股大股东的治理能力，探讨其与公司非效率投资之间的关系，实证结果表明，NCLSs_dummy 的系数（β = 0.354，ρ < 0.01）、CF2 的系数（β = 0.026，ρ < 0.01）以及 Contest2 的系数（β = 0.005，ρ < 0.010）都至少在 10% 的水平上显著为正，说明非控股大股东治理能显著提升公司非效率投资水平。

表 5 - 18　非控股大股东治理影响非效率投资的样本调整和变量替换结果

变量	缩减 10% 的样本		自变量替换		
	（1）CF3	（2）Contest3	（3）NCLSs_dummy	（4）CF2	（5）Contest2
Independent Variables	0.029 *** (3.233)	0.004 ** (2.115)	0.354 *** (3.119)	0.026 *** (2.646)	0.005 * (1.884)
Tobin's Q	0.235 *** (4.236)	0.237 *** (4.256)	0.235 *** (4.575)	0.233 *** (4.537)	0.233 *** (4.532)
FCF	− 0.030 * (− 1.916)	− 0.030 * (− 1.895)	− 0.027 * (− 1.832)	− 0.027 * (− 1.841)	− 0.027 * (− 1.830)
Age	0.034 (0.180)	− 0.011 (− 0.057)	− 0.037 (− 0.213)	− 0.021 (− 0.122)	− 0.047 (− 0.268)
CS	− 0.000 (− 0.074)	0.000 (0.093)	− 0.001 (− 0.340)	− 0.002 (− 0.434)	− 0.001 (− 0.176)
Leverage	− 0.005 *** (− 3.852)	− 0.005 *** (− 3.888)	− 0.005 *** (− 4.091)	− 0.005 *** (− 4.068)	− 0.005 *** (− 4.081)

续表

变量	缩减 10% 的样本		自变量替换		
	(1) CF3	(2) Contest3	(3) NCLSs_dummy	(4) CF2	(5) Contest2
ln_Assets	-0.092 (-1.335)	-0.086 (-1.242)	-0.049 (-0.767)	-0.052 (-0.806)	-0.049 (-0.759)
State	-0.532 *** (-4.902)	-0.532 *** (-4.905)	-0.529 *** (-5.268)	-0.536 *** (-5.340)	-0.536 *** (-5.343)
Cons_	5.481 *** (3.382)	5.524 *** (3.415)	4.504 *** (2.970)	4.535 *** (2.985)	4.551 ** (3.000)
行业、年度	控制	控制	控制	控制	控制
样本量	9108	9108	10120	10120	10120
Adjusted R^2	0.041	0.040	0.041	0.041	0.040
F 值	8.18 ***	8.07 ***	9.91 ***	9.52 ***	9.49 ***

注：*** 、** 、* 分别表示 1%、5% 和 10% 的显著性水平。

另外，本书进一步采用不同的模型来探讨非控股大股东治理与公司非效率投资之间的关系，结果见表 5-19。本书分别采用固定效应模型（FE）、随机效应模型（RE）、广义矩估计（GMM）、泊松模型（Tobit）以及加权最小二乘法（WLS）来回归分析非控股大股东的现金流权和控制权竞争力对公司非效率投资的影响。实证结果表明，固定效应模型的自变量系数（CF3：$\beta = 0.057$，$\rho < 0.01$；Contest3：$\beta = 0.008$，$\rho < 0.01$）、随机效应模型的自变量系数（CF3：$\beta = 0.037$，$\rho < 0.01$；Contest3：$\beta = 0.005$，$\rho < 0.01$）、广义矩估计模型的自变量系数（CF3：$\beta = 0.166$，$\rho < 0.01$；Contest3：$\beta = 0.049$，$\rho < 0.01$）、泊松模型的自变量系数（CF3：$\beta = 0.027$，$\rho < 0.01$；Contest3：$\beta = 0.004$，$\rho < 0.05$）以及加权最小二乘法的自变量系数（CF3：$\beta = 0.040$，$\rho < 0.01$；Contest3：$\beta = 0.006$，$\rho < 0.01$）都至少在 5% 的水平上显著为正，表明采用以上任何一种回归方法都能证明非控股大股东治理能显著提升公司非效率投资水平。

表 5-19　不同回归模型下非控股大股东治理对非效率投资的影响

变量	FE		RE		GMM		Tobit		WLS	
	CF3	Contest3	CF3	Contest3	CF3	Contest3	CF3	Contest3	CF3	Contest3
CF3	0.057 *** (5.752)	0.008 *** (3.302)	0.037 *** (4.980)	0.005 *** (3.004)	0.166 *** (5.649)	0.049 *** (5.625)	0.027 *** (4.147)	0.004 ** (2.566)	0.040 *** (4.749)	0.006 *** (3.181)
Tobin's Q	0.242 *** (8.242)	0.249 *** (8.447)	0.231 *** (9.473)	0.234 *** (9.570)	0.192 *** (3.739)	0.170 *** (3.201)	0.230 *** (10.341)	0.232 *** (10.397)	0.042 *** (4.803)	0.052 *** (6.104)
FCF	-0.033 *** (-5.835)	-0.032 *** (-5.808)	-0.030 *** (-5.782)	-0.030 *** (-5.736)	-0.028 * (-1.952)	-0.027 * (-1.831)	-0.027 *** (-5.315)	-0.027 *** (-5.266)	-0.102 *** (-23.841)	-0.091 *** (-20.767)
Age	-0.579 (-0.890)	-0.775 (-1.191)	-0.014 (-0.061)	-0.073 (-0.309)	0.400 ** (1.989)	0.382 ** (1.887)	0.004 (0.022)	-0.035 (-0.196)	1.457 *** (5.324)	1.340 *** (4.944)
CS	0.014 * (1.915)	0.011 (1.493)	0.003 (0.673)	0.003 (0.708)	0.023 *** (4.193)	0.060 *** (5.166)	-0.000 (-0.056)	0.001 (0.146)	-0.002 (-0.328)	-0.004 (-0.619)
Leverage	-0.006 *** (-5.544)	-0.007 *** (-5.706)	-0.006 *** (-5.362)	-0.006 *** (-5.430)	-0.004 *** (-3.174)	-0.003 *** (-2.745)	-0.005 *** (-4.795)	-0.005 *** (-4.824)	-0.002 (-1.558)	-0.002 ** (-2.042)
ln_Assets	0.216 ** (1.958)	0.288 *** (2.629)	-0.020 (-0.351)	-0.007 (-0.120)	-0.147 ** (-2.296)	-0.181 *** (-2.748)	-0.059 (-1.262)	-0.053 (-1.140)	-0.068 (-1.043)	-0.014 (-0.212)
State	-0.613 *** (-3.016)	-0.621 *** (-3.050)	-0.544 *** (-4.439)	-0.546 *** (-4.455)	-0.443 *** (-4.334)	-0.362 *** (-3.385)	-0.532 *** (-5.376)	-0.533 *** (-5.377)	-0.018 (-0.119)	0.004 (0.024)
Cons_	-1.628 (-0.580)	-2.424 (-0.864)	3.492 ** (2.537)	3.450 ** (2.505)	3.483 ** (2.165)	2.651 (1.568)	4.512 *** (4.132)	4.537 *** (4.150)	0.432 (0.279)	0.082 (0.053)
行业、年度	控制	控制	控制	控制	控制	控制	控制	控制	控制	控制
Adjusted R²	-0.081	-0.084	0.027	0.024	-0.003	-0.001	0.008	0.008	0.114	0.106
F 值 (Wald χ^2)	8.23 ***	7.58 ***	371.93 ***	355.84 ***	357.48 ***	350.70 ***	461.49 ***	450.89 ***	38.31 ***	35.21 ***

注：***、**、* 分别表示 1%、5% 和 10% 的显著性水平。

5.3.3.5 关联董监对企业投资效率的影响

进一步，为更深入地把握非控股大股东治理角色，采用关联董监来描述非控股大股东的治理能力，探讨其对非效率投资的影响，结果见表5－20。从表5－20的结果可知，关联董监与非效率投资之间存在显著的正相关关系，表明非控股大股东的关联董监能显著提升企业的非效率投资水平。对比表5－20与表5－15及表5－19的系数，可以发现，关联董监回归系数显著地大于现金流权和控制权竞争力的回归系数，表明关联董监确实能够有效地放大股东对公司的影响力，从而更好地发挥其治理效应。

表5－20　　非控股大股东关联董监对上市公司非效率投资的影响研究

变量	RBD	RBD_dum	RSBD	RSBD_dum
Independent Variables	3.053 ***	4.794 ***	4.944 ***	6.287 ***
	(3.242)	(3.295)	(3.213)	(3.228)
Tobin's Q	0.265 ***	0.271 ***	0.233 ***	0.234 ***
	(4.720)	(4.838)	(4.410)	(4.474)
FCF	−0.028 *	−0.029 **	−0.030 **	−0.029
	(−1.907)	(−1.983)	(−2.002)	(−1.955)
Age	0.422	0.435 *	0.608 **	0.563
	(1.619)	(1.690)	(2.006)	(1.922)
CS	0.028 ***	0.024 ***	0.020 **	0.020 **
	(2.734)	(2.656)	(2.499)	(2.494)
Leverage	−0.006 ***	−0.006 ***	−0.005 ***	−0.005 ***
	(−4.032)	(−4.157)	(−3.685)	(−3.721)
ln_Assets	−0.041	−0.001	−0.078	−0.055
	(−0.595)	(−0.009)	(−1.196)	(−0.819)
State	−0.707 ***	−0.653 ***	−0.732 ***	−0.747 ***
	(−5.953)	(−5.827)	(−6.030)	(−6.004)
Cons_	0.882	0.047	2.091	1.579
	(0.386)	(0.019)	(1.034)	(0.743)
行业、年	控制	控制	控制	控制
样本	10120	10120	10120	10120
内生性检验	17.06 ***	154.92 ***	160.11 ***	48.01 ***

续表

变量	RBD	RBD_dum	RSBD	RSBD_dum
弱工具变量	>10	>10	>10	>10
过度识别	0.197	0.427	0.130	0.093
工具变量	$\ln\_NS_{i,t}$ $\ln\_NS_{i,t-1}$	$\ln\_NS_{i,t}$ $\ln\_NS_{i,t-1}$	$\ln\_NS_{i,t}$ $\ln\_NS_{i,t-1}$	$\ln\_NS_{i,t}$ $\ln\_NS_{i,t-1}$

注：*** 、** 、* 分别表示 1%、5% 和 10% 的显著性水平。

5.3.3.6　非控股大股东治理对企业过度投资和投资不足的影响

进一步，本书根据模型（5-3）的结果，将残差大于 0 定义为过度投资，将残差小于 0 定义为投资不足，并以此来分析非控股大股东治理对企业过度投资和投资不足的影响。表 5-21 中列示了非控股大股东治理对企业过度投资影响的回归结果，结果显示，无论是非控股大股东的现金流权（CF3：$\beta = 0.324$，$\rho < 0.01$），还是控制权竞争力（Contest3：$\beta = 0.096$，$\rho < 0.01$），抑或是关联董监（RBD：$\beta = 8.884$，$\rho < 0.01$；RBD_dum：$\beta = 13.808$，$\rho < 0.01$；RSBD：$\beta = 15.680$，$\rho < 0.01$；RSBD_dum：$\beta = 19.227$，$\rho < 0.01$），都与上市公司的过度投资水平在 1% 水平上显著正相关，表明非控股大股东治理确实会显著增加企业的过度投资水平。

表 5-21　　非控股大股东治理对过度投资的影响

变量	因变量：Overinvestment					
	(1) CF3	(2) Contest3	(3) RBD	(4) RBD_dum	(5) RSBD	(6) RSBD_dum
Independent Variables	0.324 *** (6.237)	0.096 *** (6.199)	8.884 *** (3.898)	13.808 *** (4.172)	15.680 *** (3.653)	19.227 *** (3.802)
Tobin's Q	0.135 ** (2.280)	0.105 (1.612)	0.279 *** (3.172)	0.340 *** (3.956)	0.174 ** (2.372)	0.194 *** (2.612)
FCF	0.016 (1.587)	0.022 * (1.953)	0.017 (1.186)	0.021 (1.498)	0.016 (1.076)	0.019 (1.324)
Age	0.484 (1.307)	0.381 (1.006)	0.195 (0.367)	0.353 (0.686)	1.408 ** (1.964)	1.223 * (1.837)
CS	0.044 *** (4.582)	0.116 *** (5.678)	0.074 *** (3.356)	0.061 *** (3.299)	0.061 *** (3.060)	0.057 *** (3.046)

变量	因变量：Overinvestment					
	(1) CF3	(2) Contest3	(3) RBD	(4) RBD_dum	(5) RSBD	(6) RSBD_dum
Leverage	− 0.011 ** (− 2.019)	− 0.006 (− 1.008)	− 0.022 ** (− 2.491)	− 0.022 *** (− 2.630)	− 0.024 *** (− 2.596)	− 0.025 *** (− 2.630)
ln_Assets	0.065 (0.749)	− 0.019 (− 0.198)	0.299 ** (2.068)	0.479 *** (3.401)	0.168 (1.241)	0.288 ** (2.133)
State	− 0.312 * (− 1.693)	− 0.108 (− 0.535)	− 0.630 ** (− 2.419)	− 0.603 ** (− 2.407)	− 0.734 *** (− 2.681)	− 0.765 *** (− 2.794)
Cons_	− 2.205 (− 1.029)	− 3.515 (− 1.533)	− 9.026 ** (− 2.105)	− 13.789 *** (− 3.056)	− 7.507 ** (− 1.883)	− 9.979 ** (− 2.347)
行业、年	控制	控制	控制	控制	控制	控制
样本	4291	4291	4291	4291	4291	4291
Huasman	134.03 ***	144.09 ***	42.75 ***	117.22 ***	123.71 ***	56.30 ***
弱工具变量	>10	>10	>10	>10	>10	>10
过度识别	0.017	0.064	0.348	0.005	0.002	0.000
工具变量	NTSH$_{i,t}$ ln_H1$_{i,t-1}$	NTSH$_{i,t}$ ln_H1$_{i,t-1}$	ln_NS$_{i,t}$ ln_NS$_{i,t-1}$	ln_NS$_{i,t}$ ln_NS$_{i,t-1}$	ln_NS$_{i,t}$ ln_NS$_{i,t-1}$	ln_NS$_{i,t}$ ln_NS$_{i,t-1}$

注：***、**、*分别表示1%、5%和10%的显著性水平。

表 5 – 22 列示了非控股大股东治理对投资不足影响的回归结果。结果显示，无论是非控股大股东的现金流权（CF3：β = − 0.051，ρ < 0.05），还是控制权竞争力（Contest3：β = − 0.016，ρ < 0.05），抑或是关联董监（RBD：β = − 1.977，ρ < 0.05；RBD_dum：β = − 3.175，ρ < 0.05；RSBD：β = − 3.296，ρ < 0.05；RSBD_dum：β = − 4.251，ρ < 0.05），都与投资不足在5%水平上显著负相关，表明非控股大股东治理能显著减少企业的投资不足。

表 5 – 22   非控股大股东治理对投资不足的影响

变量	因变量：Underinvestment					
	CF3	Contest3	RBD	RBD_dum	RSBD	RSBD_dum
Independent Variables	− 0.051 ** (− 2.306)	− 0.016 ** (− 2.304)	− 1.977 ** (− 2.118)	− 3.175 ** (− 2.107)	− 3.296 ** (− 2.213)	− 4.251 ** (− 2.213)
Tobin's Q	0.261 *** (4.023)	0.270 *** (4.234)	0.228 *** (3.232)	0.227 *** (3.191)	0.249 *** (3.746)	0.250 *** (3.754)

变量	因变量：Underinvestment					
	CF3	Contest3	RBD	RBD_dum	RSBD	RSBD_dum
FCF	− 0.057 ***	− 0.058 ***	− 0.056 ***	− 0.054 **	− 0.055 ***	− 0.055 ***
	（ − 2.725）	（ − 2.739）	（ − 2.666）	（ − 2.573）	（ − 2.611）	（ − 2.617）
Age	− 0.289	− 0.298	− 0.606 *	− 0.608 *	− 0.664 **	− 0.645 **
	（ − 1.444）	（ − 1.477）	（ − 1.904）	（ − 1.890）	（ − 2.012）	（ − 1.978）
CS	− 0.007	− 0.019 **	− 0.022 *	− 0.019 *	− 0.016 *	− 0.017 *
	（ − 1.378）	（ − 2.032）	（ − 1.908）	（ − 1.868）	（ − 1.869）	（ − 1.874）
Leverage	− 0.006 ***	− 0.006 ***	− 0.005 ***	− 0.005 ***	− 0.005 ***	− 0.005 ***
	（ − 3.723）	（ − 3.911）	（ − 3.005）	（ − 3.018）	（ − 3.438）	（ − 3.513）
ln_Assets	− 0.211 ***	− 0.197 **	− 0.241 ***	− 0.261 ***	− 0.222 ***	− 0.231 ***
	（ − 2.634）	（ − 2.518）	（ − 2.794）	（ − 2.884）	（ − 2.660）	（ − 2.720）
State	− 0.537 ***	− 0.558 ***	− 0.349 **	− 0.403 ***	− 0.328 **	− 0.315 **
	（ − 4.569）	（ − 4.655）	（ − 2.577）	（ − 3.219）	（ − 2.398）	（ − 2.223）
Cons_	8.866 ***	9.186 ***	11.278 ***	11.616 ***	10.380 ***	10.602 ***
	（4.214）	（4.231）	（3.880）	（3.828）	（4.052）	（4.038）
行业、年	控制	控制	控制	控制	控制	控制
样本	5829	5829	5829	5829	5829	5829
内生性检验	78.25 ***	77.20 ***	6.93 ***	75.68 ***	76.78 ***	27.55 ***
弱工具变量	>10	>10	>10	>10	>10	>10
过度识别	0.004	0.002	0.409	0.467	0.083	0.048
工具变量	ln_NS$_{i,t}$ ln_NS$_{i,t-1}$	ln_NS$_{i,t}$ ln_NS$_{i,t-1}$	ln_NS$_{i,t}$ ln_NS$_{i,t-1}$	ln_NS$_{i,t}$ ln_NS$_{i,t-1}$	ln_NS$_{i,t}$ ln_NS$_{i,t-1}$	ln_NS$_{i,t}$ ln_NS$_{i,t-1}$

注：*** 、** 、* 分别表示1% 、5% 和10% 的显著性水平。

5.3.3.7 不同代理问题下非控股大股东治理对公司投资效率的影响

本章进一步将样本划分为国有企业与非国有企业、两权分离度大于0与等于0来研究非控股大股东治理在不同代理问题下与上市公司非效率投资的关系。

表5 - 23 和表5 - 24 分别列示了两类样本的回归结果。结果表明，无论上市公司面临何种代理问题，非控股大股东都能显著增加上市公司的非效率投资水平和过度投资水平，但也会显著地减

少公司的投资不足现象。

表5-23 企业性质对非控股大股东与非效率投资关系的影响

变量	CF3	Contest3	RBD	RBD_dum	RSBD	RSBD_dum
Panel A：国有企业						
非效率投资	0.193 ***	0.058 ***	3.991 ***	6.908 ***	3.547 **	4.891 **
	(4.916)	(4.906)	(3.899)	(3.801)	(2.121)	(2.227)
工具变量	$NTSH_{i,t}$	$NTSH_{i,t}$	$NTSH_{i,t}$	$NTSH_{i,t}$	$NTSH_{i,t-1}$	$NTSH_{i,t-1}$
	$\ln\_H1_{i,t-1}$	$\ln\_H1_{i,t-1}$	$\ln\_NS_{i,t}$	$\ln\_NS_{i,t}$	$\ln\_NS_{i,t}$	$\ln\_NS_{i,t}$
过度投资	0.316 ***	0.097 ***	7.309 ***	13.605 ***	15.716 ***	20.970 ***
	(4.692)	(4.664)	(3.526)	(3.716)	(3.224)	(3.448)
工具变量	$NTSH_{i,t}$	$NTSH_{i,t}$	$NTSH_{i,t}$	$NTSH_{i,t}$	$NTSH_{i,t}$	$NTSH_{i,t}$
	$\ln\_H1_{i,t-1}$	$\ln\_H1_{i,t-1}$	$\ln\_NS_{i,t}$	$\ln\_NS_{i,t}$	$\ln\_NS_{i,t}$	$\ln\_NS_{i,t}$
投资不足	−0.073 ***	−0.026 ***	−2.241 *	−2.695 *	−4.661 **	−5.793 **
	(−2.709)	(−2.710)	(−1.923)	(−1.937)	(−2.423)	(−2.290)
工具变量	$\ln\_NS_{i,t}$	$\ln\_NS_{i,t}$	$\ln\_NS_{i,t}$	$\ln\_NS_{i,t}$	$\ln\_NS_{i,t}$	$\ln\_NS_{i,t}$
	$\ln\_H1_{i,t-1}$	$\ln\_H1_{i,t-1}$	$\ln\_H1_{i,t-2}$	$\ln\_H1_{i,t-2}$	$\ln\_NS_{i,t-1}$	$\ln\_NS_{i,t-1}$
控制变量	控制	控制	控制	控制	控制	控制
有效性检验	检验	检验	检验	检验	检验	检验
Panel B：非国有企业						
非效率投资	0.219 ***	0.059 ***	6.228 ***	9.931 ***	6.886 **	7.369 **
	(4.977)	(4.925)	(4.049)	(4.281)	(2.472)	(2.532)
工具变量	$NTSH_{i,t}$	$NTSH_{i,t}$	$NTSH_{i,t}$	$NTSH_{i,t}$	$NTSH_{i,t-1}$	$NTSH_{i,t-1}$
	$\ln\_H1_{i,t-1}$	$\ln\_H1_{i,t-1}$	$\ln\_H1_{i,t-1}$	$\ln\_H1_{i,t-1}$	$\ln\_NS_{i,t-1}$	$\ln\_NS_{i,t-1}$
过度投资	0.393 ***	0.103 ***	11.752 ***	16.730 ***	7.767 ***	9.541 ***
	(4.875)	(4.790)	(3.535)	(3.861)	(3.026)	(3.126)
工具变量	$NTSH_{i,t}$	$NTSH_{i,t}$	$NTSH_{i,t}$	$NTSH_{i,t}$	$NTSH_{i,t-1}$	$NTSH_{i,t-1}$
	$\ln\_H1_{i,t-1}$	$\ln\_H1_{i,t-1}$	$\ln\_H1_{i,t-1}$	$\ln\_H1_{i,t-1}$	$\ln\_H10_{i,t}$	$\ln\_III0_{i,t-1}$
投资不足	−0.081 **	−0.022 **	−3.142 **	−4.447 **	−7.073 **	−7.233 **
	(−2.190)	(−2.169)	(−2.033)	(−2.118)	(−1.968)	(−2.004)
工具变量	$\ln\_NS_{i,t}$	$\ln\_NS_{i,t}$	$\ln\_NS_{i,t}$	$\ln\_NS_{i,t}$	$\ln\_NS_{i,t}$	$\ln\_NS_{i,t}$
	$\ln\_H1_{i,t-1}$	$\ln\_H1_{i,t-1}$	$\ln\_H1_{i,t-2}$	$\ln\_H1_{i,t-2}$	$\ln\_H1_{i,t-1}$	$\ln\_H1_{i,t-1}$
控制变量	控制	控制	控制	控制	控制	控制
有效性检验	检验	检验	检验	检验	检验	检验

注：*** 、** 、* 分别表示1%、5%和10%的显著性水平。

表 5 - 24　　两权分离度对非控股大股东与非效率投资关系的影响

变量	CF3	Contest3	RBD	RBD_dum	RSBD	RSBD_dum
Panel A：两权分离度 >0						
非效率投资	0. 224 ***	0. 065 ***	7. 135 ***	11. 427 ***	21. 549 ***	24. 977 ***
	(4. 791)	(4. 787)	(3. 963)	(4. 089)	(3. 010)	(3. 247)
工具变量	$NTSH_{i,t}$	$NTSH_{i,t}$	$NTSH_{i,t}$	$NTSH_{i,t}$	$NTSH_{i,t}$	$NTSH_{i,t}$
过度投资	0. 438 ***	0. 126 ***	11. 679 ***	16. 860 ***	13. 039 ***	15. 439 ***
	(5. 339)	(5. 325)	(4. 049)	(4. 312)	(3. 236)	(3. 316)
工具变量	$NTSH_{i,t}$ $\ln\_H1_{i,t-1}$	$NTSH_{i,t}$ $\ln\_H1_{i,t-1}$	$NTSH_{i,t}$ $\ln\_NS_{i,t}$	$NTSH_{i,t}$ $\ln\_NS_{i,t}$	$NTSH_{i,t-1}$ $\ln\_NS_{i,t}$	$NTSH_{i,t-1}$ $\ln\_NS_{i,t}$
投资不足	− 0. 081 ***	− 0. 026 ***	− 4. 982 **	− 5. 084 **	− 6. 023 **	− 7. 455 **
	(− 2. 772)	(− 2. 724)	(− 2. 057)	(− 2. 137)	(− 2. 393)	(− 2. 446)
工具变量	$\ln\_NS_{i,t}$ $\ln\_H1_{i,t-1}$	$\ln\_NS_{i,t}$ $\ln\_H1_{i,t-1}$	$\ln\_NS_{i,t}$ $\ln\_H1_{i,t-2}$	$\ln\_NS_{i,t}$ $\ln\_H1_{i,t-2}$	$\ln\_NS_{i,t}$ $\ln\_H1_{i,t-2}$	$\ln\_NS_{i,t}$ $\ln\_H1_{i,t-2}$
控制变量	控制	控制	控制	控制	控制	控制
有效性检验	检验	检验	检验	检验	检验	检验
Panel B：两权分离度 =0						
非效率投资	0. 189 ***	0. 054 ***	3. 680 ***	6. 722 ***	10. 145 ***	13. 008 ***
	(5. 164)	(5. 113)	(4. 459)	(4. 537)	(3. 599)	(3. 661)
工具变量	$NTSH_{i,t}$	$NTSH_{i,t}$	$NTSH_{i,t-1}$	$NTSH_{i,t}$	$NTSH_{i,t-1}$	$NTSH_{i,t-1}$
过度投资	0. 269 ***	0. 077 ***	6. 148 ***	12. 696 ***	9. 708 ***	11. 784 ***
	(4. 647)	(4. 529)	(3. 379)	(3. 438)	(2. 841)	(3. 061)
工具变量	$NTSH_{i,t}$ $\ln\_H1_{i,t-1}$	$NTSH_{i,t}$ $\ln\_H1_{i,t-1}$	$NTSH_{i,t}$ $\ln\_NS_{i,t}$	$NTSH_{i,t}$ $\ln\_NS_{i,t}$	$NTSH_{i,t-1}$ $\ln\_NS_{i,t}$	$NTSH_{i,t-1}$ $\ln\_NS_{i,t}$
投资不足	− 0. 086 **	− 0. 027 **	− 3. 029 **	− 3. 932 ***	− 4. 551 ***	− 5. 075 ***
	(− 2. 527)	(− 2. 499)	(− 2. 532)	(− 2. 623)	(− 2. 637)	(− 2. 601)
工具变量	$\ln\_NS_{i,t}$ $\ln\_H1_{i,t-1}$	$\ln\_NS_{i,t}$ $\ln\_H1_{i,t-1}$	$\ln\_NS_{i,t}$ $\ln\_H1_{i,t-2}$	$\ln\_NS_{i,t}$ $\ln\_H1_{i,t-2}$	$\ln\_NS_{i,t}$ $\ln\_H1_{i,t-2}$	$\ln\_NS_{i,t}$ $\ln\_H1_{i,t-2}$
控制变量	控制	控制	控制	控制	控制	控制
有效性检验	检验	检验	检验	检验	检验	检验

注：*** 、 ** 分别表示1% 、5% 的显著性水平。

5.4　本章小结

本书选取 2007 ~ 2016 年沪深主板市场 1012 家上市公司为样本，用非控股大股东的现金流权、控制权竞争力以及关联董监来衡量非控股大股东的治理能力，实证分析了非控股大股东治理对上市公司两类代理成本和投资效率的影响，得到以下结论。

第一，公司的代理成本与公司价值之间呈现显著的负相关关系，而公司的非效率投资与公司价值之间呈现显著的正相关关系，说明降低公司的代理成本或提升企业的非效率投资能够显著地增加公司价值。

第二，非控股大股东治理能力的提升会显著降低上市公司的两类代理成本。研究结果表明，非控股大股东的现金流权、控制权竞争力和关联董监都与两类代理成本存在显著的负相关关系，在控制了内生性、进行了变量替换、探讨了不同回归模型以及区分了企业性质和两权分离度的情况下，这一结论仍然成立，表明提升非控股大股东治理能力能显著降低上市公司的代理成本。

第三，非控股大股东治理能力的提升会显著增加上市公司的非效率投资水平。研究结果表明，非控股大股东的现金流权、控制权竞争力和关联董监都与非效率投资水平呈现显著的正相关关系，在控制了内生性、进行了样本调整和自变量替换、探讨了不同回归模型以及区分了企业性质和两权分离度的情况下，上述结论仍然成立，表明提升非控股大股东治理能力确实会显著提升上市公司的非效率投资水平。

　　第四，将非效率投资区分为过度投资和投资不足，研究结果发现，非控股大股东治理对上市公司的过度投资水平和投资不足现象具有不同的影响，非控股大股东治理能力的提升能够显著地增加上市公司的过度投资水平，但是也会显著地减少公司的投资不足现象。

第6章 非控股大股东治理影响公司价值的作用边界研究

6.1 理论分析

6.1.1 控股股东治理对非控股大股东治理效应的影响分析

委托代理理论认为，非控股大股东与控股大股东之间的协调和制约作用主要取决于双方控制权力量的强弱对比。在控股股东持股比例高的情况下，控股股东几乎完全控制公司，其仅依靠自己的影响力就能有效地剥削中小股东，作为经济人，控股股东不会与非控股大股东合谋，以避免超额控制权私有收益被瓜分（Su et al.，2008；Liu et al.，2009；Luo et al.，2012）。在这种情况下，非控股大股东没有足够的能力去单独承受监督成本，"搭便车"和"用脚投票"成为非控股大股东的最优策略，因而，为保护自身的利益，他们更多的是依附于控股股东存在，伴随而来的是治理效应的弱化。当控股股东持股比例较低时，因为股权的分散，控股股东很难独自掌控公司（Su et al.，2008）；而非控股大股东可以通过对企业关键决议的影响来抑制控股股东通过关联交易以及股利政策等方式侵占中小股东利益的行为，表现出积极的监督效应。综上所述，随着控股股东持股比例的提高，控股股东影响力的强化会弱化非控股大股东的治理效应。

控股股东的关联董事是指该董事为控股股东的董事会代表或与控股股东存在其他关联关系。在中国的上市公司中，普遍存在控股股东的关联董事，且关联董事的存在具有深远的意义：第一，作为股东代表，其天然具备保护全体股东利益的潜质；第二，控股股东的关联董事必然面对股东和股东之间的利益冲突（Young et al.，2008），作为控股股东的董事会代表，其必然维护控股股东的利益，遵照控股股东的意志行事，可能进一步恶化股东与股东之间的代理问题；第三，控股股东的关联董事能便利地通过影响企业的关键决策来影响企业运作（Claessens et al.，2002）。从这些状况来看，控股股东的关联董事强化了控股股东对公司的影响能力（Yeh et al.，2001），意味着控股股东关联董事比例提升可能会弱化非控股大股东的治理效应。

6.1.2　董事会治理对非控股大股东治理效应的影响分析

董事会的存在已成为上市公司的常态，且常被认为是股东利益保护和股东权力行使的关键机制。董事会由股东选举产生，代表股东行使经理人的聘任与解约、薪酬计划的审核、监督和辅助经理人的经营管理等职能。依据各国公司治理实践的差别，董事会结构在各国存在不同的表现形式，其中，比较典型的包括：以美国为代表的内、外部董事混合的结构，以日本为代表的内部人主导结构；以德国为代表的董事会、监事会双层治理结构。

董事会制度建立的初衷是保护企业的利益和提高企业的治理水平（Hu et al.，2010）。然而，由于董事会治理在限制控股股东侵占和内部人控制等问题上所表现出的低效率，导致董事会治理有效性常常受到投资者质疑。而控股股东关联董事以及内部人董事的存在，使得董事会的治理作用成为更加复杂的问题。为了弄清董事会对非控股大股东治理的影响，本章将从董事会规模和独立董事比例两个方面来衡量董事会治理。

委托代理理论认为，一个有效的董事会不仅能有效地减少经理人监督和激励成本，同时，也能有效地限制大股东的侵占效应。但董事会规模的治理效应常常受到大股东或内部人控制问题的质疑（Yermack，1996；Eisenberg et al.，1998；Conyon & He，2011）。另外，大规模董事会董事成员之间的"搭便车"问题以及代理权竞争现象都可能导致董事会治理效率的低下（Jensen & Meckling，1976）。这些情况使得大规模的董事会难以有效地实现董事会制度的初衷。从这个角度来看，董事会规模的扩大会强化控股股东或内部人对企业的控制，带来非控股大股东治理效应的弱化。

独立董事作为董事会的重要组成部分（Core & Guay，1999），以其独立于公司的身份特征被认为是公司整体利益的维护者，其制度设计的目的在于防止控股股东的利益侵占和管理层的内部控制问题。从委托代理理论角度来看，独立董事比例越高，大股东侵占与内部人控制问题出现的可能性就越低，从而带来公司价值的提升（Brickley et al.，1994；Peng，2004；高凤莲和王志强，2016）。出现这一现象的原因可以归结于：内部董事常与管理层存在关联关系或者管理层容易通过影响这些董事的职业生涯来操控这些董事的决策，而独立董事则相对独立，且他们为了保护自己的职业声誉更有动力去提供积极的治理效应（Fama & Jensen，1983；黄海杰等，2016）。考虑到中国上市公司股权结构仍然相对集中，中小股东保护制度不完善和内部交易频繁等现象，独立董事为更好地履行义务，在监督控股股东私利行为、提升公司价值等问题上与非控股大股东目的和利益一致（Goh & Rasli，2014）。从这个角度来看，独立董事比例的提升能够强化非控股大股东的治理效应。

6.2　模型设计与变量选取

6.2.1　模型设计

为检验控股股东和董事会治理对非控股大股东治理效应的影响，本章引进门限回归模型（Hansen，1999），分别以控股股东和董事会治理为门限变量、以非控股大股东现金流权为解释变量来搜寻非控股大股东治理的结构变化点，并据此将样本划分为不同的区间，然后在各区间中分析控股股东和董事会治理对非控股大股东治理的影响以及由此带来的治理效应的变化。

门限回归模型最早由汤家豪于 1978 年提出，其提出的目的是避免研究者主观判定分界点所造成的结果偏差。针对初始模型在实际运用中存在的问题，汉森（Hansen，1999）提出了自体抽样法和通过似然比检验构造非拒绝域等方法进一步完善了门限回归模型，并在随后的研究中得到广泛应用。门限回归模型的基本模型为：

$$y_{it} = \mu_i + x'_{it}\beta_1 \cdot I(q_{it} \le \gamma) + x'_{it}\beta_2 \cdot I(q_{it} > \gamma) + \varepsilon_{it} \quad (6-1)$$

其中，i 为截面的个体；t 为观察时间；$q_{i,t}$ 为门限变量；$\varepsilon_{i,t}$ 为残差项。$I(*)$ 为指示函数，$I(*)$ 对应的条件成立时取 1，否则取 0。更清晰的表达式可表示为：

$$y_{it} = \mu_i + x'_{it}\beta'_1 + \varepsilon_{it} \quad q_{it} \le \gamma \quad (6-2)$$

$$y_{it} = \mu_i + x'_{it}\beta'_2 + \varepsilon_{it} \quad q_{it} > \gamma \quad (6-3)$$

其中，门限值 γ、β_1、β_2、ε_{it} 为待估参数。样本观察值的区间划分依据门限变量 $q_{i,t}$ 和门限值 γ 的相对大小，区间差异由不同的 β_1 和

β_2 体现。模型的具体估计方法为：首先，对门限变量 $q_{i,t}$ 中非重复的值进行排序；然后，利用普通最小二乘法对模型进行估计，得到相应的残差平方和，残差平方和最小值对应的 γ 的估计值即为 $\hat{\gamma}$；当得到 $\hat{\gamma}$ 值后，还需要通过门限效应的显著性检验和门限估计值与真实值的一致性检验。在门限效应的显著性检验中，本章采用自体抽样法来计算检验统计量的分布状态，以此检验门限效应的显著性。在门限估计值与真实值的一致性检验中，利用对应的似然比统计量来判断门限效应存在时估计值 $\hat{\gamma}$ 与真实值 γ 是否具有一致性。

以上考虑了仅存在一个门限的情况，在实际分析过程中，可能存在多个门限的现象。以两个门限为例，模型可表示为：

$$y_{it} = \mu_i + x_{it}'\beta_1 \cdot I(q_{it} \leqslant \gamma_1) + x_{it}'\beta_2 \cdot I(\gamma_1 < q_{it} \leqslant \gamma_2)$$
$$+ x_{it}'\beta_3 \cdot I(q_{it} > \gamma_2) + \varepsilon_{it}(\gamma_1 < \gamma_2) \qquad (6-4)$$

具体估计方法为：先假设单一门限模型中估计出的 $\hat{\gamma}_1$ 已知，再进行 γ_2 的搜索得到 $\hat{\gamma}_2$，然后，固定 $\hat{\gamma}_2$ 对 $\hat{\gamma}_1$ 进行回检，从而得到优化后的 $\hat{\gamma}_1^*$，并利用对应的似然比统计量来判断门限效应存在时估计值 $\hat{\gamma}_1^*$ 与真实值 γ 是否具有一致性，如果两者一致，就继续重复以上操作，直到两者不一致，从而确定门限的个数。门限效应的显著性检验和门限估计值与真实值的一致性检验与以上的描述一致。由于多重门限的估计在双重门限的基础上不难推导，在此就不再赘述。

根据门限回归基本模型，本章构建如下扩展模型：

$$\text{Profermance}_{i,t}/\text{Agency}_{i,t}/\text{Absinvestment}_{i,t} = \alpha + \beta_1 \ln\_\text{Assets}_{i,t}$$
$$+ \beta_2 \text{Leverage}_{i,t} + \beta_3 \text{TA}_{i,t} + \beta_4 \text{NCLSs}_{i,t} \cdot I(X_{i,t} < \gamma_1)$$
$$+ \beta_5 \text{NCLSs}_{i,t} \cdot I(\gamma_1 \leqslant X_{i,t} < \gamma_2)$$
$$+ \beta_6 \text{NCLSs}_{i,t} \cdot I(X_{i,t} \geqslant \gamma_3) + \varepsilon_{i,t} \qquad (6-5)$$

其中，Performance 为公司价值变量；Agency 为两类代理成本变量；Absinvestment 为企业的非效率投资变量；NCLSs 为解释变量；X 为门限变量，包括控股股东现金流权（CS）、控股股东关联董事比例（RBCS）、董事会规模（BS）以及独立董事比例（ID）；ε 为随机误差项。

6.2.2　变量选取

因变量。本章选取托宾值（Tobin's Q）衡量公司价值；选择财务费用率（FC）来衡量企业第一类代理成本；选取控股股东净占款率（NFCS）来衡量二类代理成本；采用预期投资模型残差衡量企业非效率投资水平（Absinvestment）。

解释变量。本章将非控股大股东定义为第 2、第 3 大股东，采用第 2、第 3 大股东的现金流权（CF3）来衡量非控股大股东的治理能力，采用非控股大股东控制权竞争力（Contest3）进行稳健性检验。

门限变量。门限变量包括两类：控股股东和董事会治理。控股股东衡量主要考虑股东剩余索取权和企业控制权的分布，对此，本章采用控股股东现金流权（CS）来衡量控股股东的剩余索取权，该指数越大，股权越集中；采用控股股东关联董事比例（RBCS）来衡量控股股东的企业控制权，即第一大股东关联董事在公司董事会中占的比例，该指数越大，控股股东对公司的控制力越强。董事会治理水平采用董事会规模（BS）和独立董事（ID）比例来衡量，以董事会规模来衡量董事会治理的有效性，用独立董事比例来衡量董事会独立性。

控制变量。控制变量包括：公司规模（ln_Assets）、资产负债比（Leverage）、上市年限的自然对数（Age）、固定资产比例（TA）、企业性质（State）。

6.2.3　数据来源

数据的收集和整理详见第 4 章，不再赘述。

6.2.4　描述性统计与相关性分析

表 6 - 1 描述了主要变量的描述性统计与相关性分析结果。变

表 6 - 1　　描述性统计与相关性分析

变量	Mean	S.D.	1	2	3	4	5	6	7	8	9	10	11	12	13	14
1 Tobin's Q	2.493	2.592	1.000													
2 FC	3.287	22.485	-0.016*	1.000												
3 NFCS	-5.701	15.186	-0.035*	0.008	1.000											
4 Absinvestment	3.451	4.611	0.119*	0.016	0.060*	1.000										
5 CF3	8.123	7.553	0.078*	-0.018*	0.016	0.069*	1.000									
6 ln_Assets	22.147	1.283	-0.403*	0.001	-0.131*	-0.098*	-0.059*	1.000								
7 Leverage	52.405	49.454	0.320*	0.033*	-0.261*	-0.019*	-0.012	-0.106*	1.000							
8 TA	25.717	19.142	-0.085*	0.026*	0.037*	0.071*	0.008	0.051*	0.011	1.000						
9 Age	2.604	0.349	0.019*	0.019*	-0.105*	-0.042*	-0.058*	0.133*	0.020*	-0.143*	1.000					
10 State	0.623	0.485	-0.128*	-0.009	-0.064*	-0.055*	-0.091*	0.183*	0.021*	0.163*	-0.033*	1.000				
11 CS	37.676	15.885	-0.121*	-0.021*	-0.101*	-0.037*	-0.314*	0.344*	0.014	0.091*	-0.098*	0.243*	1.000			
12 RBCS	27.246	18.084	-0.086*	-0.023*	-0.029*	-0.026*	-0.221*	0.208*	0.011	0.040*	0.030*	0.200*	0.356*	1.000		
13 BS	9.085	1.867	-0.114*	0.001	0.002	-0.007	0.089*	0.223*	0.016	0.141*	-0.140*	0.174*	0.070*	0.058*	1.000	
14 ID	36.672	5.325	0.039*	0.006	0.010	-0.008	-0.067*	0.026*	0.004	-0.058*	0.074*	0.047*	0.007	-0.069*	-0.321*	1.000

注：带 * 号数据表示至少在 10% 的水平上显著。
资料来源：国泰安数据库和上市公司年报。

量的描述性统计结果列示于表格第 2 列、第 3 列，主要变量的详细叙述在第 4 章已经进行，在此不再赘述。变量的相关性结果列示于表格第 4 列 ~ 第 17 列，结果显示，关键变量之间的相关系数都小于 0.5，说明后续的回归分析中不必担心多重共线性对结果造成影响。

6.3　实证分析

6.3.1　门限模型结果

本章依次估计了无门限、单一门限、双重门限模型，得到的结果列于表 6 - 2。Panel A 部分：CS 单一门限模型对应的 P 值显著，F 值为 38.59；RBCS 单一门限模型对应的 P 值显著，F 值为 29.20；BS 单一门限模型对应的 P 值显著，F 值为 73.50；ID 单一门限模型对应的 P 值显著，F 值为 35.73。Panel B 部分：CS 单一门限模型对应的 P 值显著，F 值为 37.56。Panel C 部分：CS 双重门限模型对应的 P 值显著，F 值为 36.39；RBCS 双重门限模型对应的 P 值显著，F 值为 11.25。

表 6 - 2　　　　　　　　　　门限效果检验

变量	模型	F 值	P 值	抽样次数	关键值		
					10%	5%	1%
Panel A：非控股大股东治理对公司价值的影响							
CS	单一门限	38.59	0.007	300	19.553	23.395	29.833
RBCS	单一门限	29.20	0.010	300	14.496	18.112	28.067
BS	单一门限	73.50	0.000	300	14.333	18.172	36.940
ID	单一门限	35.73	0.000	300	10.287	14.950	24.456
Panel B：非控股大股东治理对第一类代理成本的影响							
CS	单一门限	37.56	0.040	300	21.755	33.949	72.211

续表

变量	模型	F 值	P 值	抽样次数	关键值		
					10%	5%	1%
Panel C：非控股大股东治理对投资效率的影响							
CS	单一门限	18.30	0.047	300	14.084	17.432	23.303
	双重门限	36.39	0.000	300	12.501	16.148	25.087
RBCS	单一门限	25.55	0.007	300	8.796	10.753	20.030
	双重门限	11.25	0.040	300	8.769	10.609	14.732

注：本章检验了控股股东和董事会治理对非控股大股东治理与公司价值、第一类代理成本、第二类代理成本以及投资效率之间关系的影响。为了节省空间，表中仅列出了存在门限效应的结果。

进一步估计各变量的门限值，结果见表 6 – 3。Panel A 部分：CS 的门限值为 19.240%；RBCS 的门限值为 6.670%；BS 的门限值为 7.000；ID 的门限值为 38.462%。Panel B 部分：CS 的门限值为 13.650%。Panel C 部分：CS 的门限值分别为 22.780%、23.780%；RBCS 的门限值分别为 30.769%、66.667%。

表 6 – 3　　　　　　　　　门限值估计结果

变量	门限模型	门限值		下限	上限
Panel A：非控股大股东治理对公司价值的影响					
CS	单一门限	Th – 1		19.240	15.360	19.475
RBCS	单一门限	Th – 1		6.667	0.000	7.692
BS	单一门限	Th – 1		7.000	6.000	8.000
ID	单一门限	Th – 21		38.462	36.932	40.000
Panel B：非控股大股东治理对第一类代理成本的影响					
CS	单一门限	Th – 1		13.650	13.280	13.930
Panel C：非控股大股东治理对投资效率的影响					
CS	双重门限	Th – 21		22.780	22.660	22.910
		Th – 22		23.780	23.565	23.860
RBCS	双重门限	Th – 21		30.769	28.333	33.333
		Th – 22		66.667	—	—

6.3.2　公司治理机制之间的交互关系分析

6.3.2.1　主效应分析

表 6 – 4 描述了控股股东、董事会治理对非控股大股东治理效应的影响。根据表 6 – 4 的结果可知，加入控股股东和董事会治理机制后，非控股大股东治理与公司价值和非效率投资的显著正相关关系、非控股大股东治理与两类代理成本的显著负相关关系并未改变，证明第 4 章和第 5 章的结论可靠。但非控股大股东治理效应的强弱随着这些治理机制的加入有所变化。具体来说，控股股东、董事会规模以及独立董事对非控股大股东治理效应的影响体现在三个方面，即影响了非控股大股东治理与公司价值、非控股大股东治理与第一类代理成本以及非控股大股东治理与非效率投资的关系。

从表 6 – 4 的模型（1）可知，当控股股东现金流权较低时，非控股大股东治理的系数为 0.073，当控股股东现金流权较高时，非控股大股东治理的系数为 0.034（0.034 < 0.073），说明控股股东现金流权的增加会明显地弱化非控股大股东治理与公司价值之间的正相关关系。从表 6 – 4 的模型（2）可知，当控股股东关联董事比例较低时，非控股大股东治理的系数为 0.059，当控股股东关联董事比例较高时，非控股大股东治理的系数为 0.033（0.033 < 0.059），说明控股股东关联董事比例的提升会明显地弱化非控股大股东治理与公司价值之间的正相关关系。简而言之，控股股东影响力（现金流权和关联董事比例）的加强会明显弱化非控股大股东治理与公司价值之间的正相关关系。出现这种情况的原因也许可以归结为：控股股东对公司控制力的加强强化了其对公司的把控，从而使得非控股大股东对公司的影响力弱化。

表6-4　其他治理机制对非控股大股东治理效应的影响

变量		Performance（Tobin's Q）				Agency（FC）	Absinvestment	
		(1) CS	(2) RBCS	(3) BS	(4) ID	(5) CS	(6) CS	(7) RBCS
Leverage		0.022*** (60.038)	0.022*** (59.887)	0.022*** (60.236)	0.022*** (60.044)	0.009** (2.107)	-0.000 (-0.443)	-0.000 (-0.442)
ln_Assets		-1.166*** (-30.965)	-1.177*** (-31.319)	-1.176*** (-31.357)	-1.183*** (-31.485)	2.021*** (4.572)	-0.127 (-1.318)	-1.139 (-1.453)
TA		-0.003 (-1.623)	-0.004* (-1.906)	-0.004* (-1.801)	-0.004* (-1.741)	0.041* (1.735)	-0.062*** (-11.965)	-0.062*** (-11.979)
Age		1.502*** (15.986)	1.539*** (16.396)	1.475*** (15.706)	1.511*** (16.088)	-1.240 (-1.123)	-1.415*** (-5.902)	-1.446*** (-6.026)
State		-0.024 (-0.305)	-0.013 (-0.160)	0.016 (0.207)	0.009 (0.115)	0.803 (0.871)	-0.496** (-2.478)	-0.537*** (-2.680)
CF3·I	1	0.073*** (10.665)	0.059*** (11.075)	0.088*** (12.517)	0.032*** (8.706)	-1.003*** (-6.878)	0.040*** (2.822)	0.046*** (4.793)
	2	0.034*** (9.363)	0.033*** (8.762)	0.031*** (8.286)	0.063*** (11.236)	-0.115** (-2.739)	0.240*** (8.615)	0.099*** (7.900)
	3	—	—	—	—	—	0.059*** (6.082)	0.360*** (4.389)
Adjusted R²		0.267	0.266	0.269	0.267	-0.102	-0.076	-0.078
样本		10120	10120	10120	10120	10120	10120	10120
F值		671.94***	670.11***	678.72***	671.38***	11.60***	37.60***	35.53***

注：***、**、*分别表示1%、5%和10%的显著性水平。

从表 6 - 4 的模型（3）可知，当董事会规模较低时，非控股大股东治理的系数为 0.088，当董事会规模较高时，非控股大股东治理的系数为 0.031(0.031 < 0.088)，说明董事会规模的扩大会明显地弱化非控股大股东治理与公司价值之间的正相关关系。出现这种情况的原因也许可以归结为：（1）董事会规模的扩大使得董事会更容易受到控股股东或内部人控制（Conyon & He，2011；Yermack，1996）；（2）大规模董事会董事成员之间的"搭便车"问题以及代理权竞争现象都可能导致董事会治理效率的低下。这些原因导致控股股东和内部人对公司的控制力加强，带来非控股大股东治理效应的弱化。

从表 6 - 4 的模型（4）可知，当独立董事比例较低时，非控股大股东治理的系数为 0.032，当独立董事比例较高时，非控股大股东治理的系数为 0.063(0.063 > 0.032)，说明独立董事比例的提高会显著地强化非控股大股东治理与公司价值之间的正相关关系。出现这种情况的原因也许可以归结为：独立董事制度设计的目的就在于防止控股股东的利益侵占和管理层的内部控制问题，以维护全体股东的利益，促进公司价值提升。从这个角度来看，独立董事和非控股大股东在抑制控股股东侵占和管理层控制上具有一致的利益取向。因而，独立董事比例的提高能够强化非控股大股东的积极治理效应。

从表 6 - 4 的模型（5）可知，当控股股东现金流权较低时，非控股大股东治理的系数为 - 1.003，当控股股东现金流权较高时，非控股大股东治理的系数为 - 0.115(0.115 < 1.003)，说明控股股东现金流权的增加会明显地弱化非控股大股东治理与第一类代理成本之间的负相关关系。出现这种情况的原因也许可以归结为：（1）控股股东的控制力加强弱化了非控股大股东对公司的影响力；（2）在高度集中的股权结构中，公司的关键岗位通常由控

股股东的关联人员占据，使得非控股大股东难以有效地抑制这些人员带来的代理成本。

从表6-4的模型（6）可知，当控股股东现金流权较低时，非控股大股东治理的系数为0.040，当控股股东现金流权较高时，非控股大股东治理的系数为0.059（0.059＞0.040），说明控股股东现金流权的增加会明显地强化非控股大股东治理与非效率投资之间的正相关关系。从模型（7）的结果可知，当控股股东关联董事比例较低时，非控股大股东治理的系数为0.046，当控股股东关联董事比例较高时，非控股大股东治理的系数为0.360（0.360＞0.046），说明控股股东关联董事比例的增加会明显地强化非控股大股东治理与非效率投资之间的正相关关系。简而言之，控股股东控制力（现金流权和关联董事比例）的加强会明显强化非控股大股东治理与非效率投资之间的正相关关系。出现这种情况的原因也许可以归结为：非效率投资的增加，特别是过度投资的增加，其所产生的收益都会由股东，特别是大股东所享有，但其所承担的损失并不完全由股东承担，很大部分会转嫁给债权人、供应商等企业的利益相关者，使得大股东享有非效率投资带来的收益远远超出其所需要承担的成本。从这点来看，控股股东和非控股大股东在增加非效率投资上是天然的同盟，出现控股股东强化非控股大股东与非效率投资之间正相关关系的结果。

6.3.2.2 异质性分析

进一步，本章将样本划分为国有企业和非国有企业来进行异质性分析，结果见表6-5和表6-6。

表6-5描述了国有企业中控股股东和董事会治理对非控股大股东治理效应的影响。从模型（1）可知，当控股股东现金流权较低时，非控股大股东治理的系数为0.016，当控股股东现金流权较高时，非控股大股东治理的系数为0.132（0.132＞0.016），说明控

股股东现金流权的增加会明显地强化非控股大股东治理与公司价值之间的正相关关系。从表 6 - 4 的模型（2）可知，当控股股东关联董事比例较低时，非控股大股东治理的系数为 0.010，当控股股东关联董事比例较高时，非控股大股东治理的系数为 0.025（0.025 > 0.010），说明控股股东关联董事比例的增加会明显地强化非控股大股东治理与公司价值之间的正相关关系。总的来说，控股股东影响力（现金流权和关联董事比例）的加强会明显强化非控股大股东治理与公司价值之间的正相关关系。出现这种情况的原因也许可以归结为：国有企业的股权相对集中，控股股东能够完全影响企业的决策，非控股大股东在这些企业中只能充当附庸者的角色，使得非控股大股东对公司价值的影响伴随着控股股东影响力的强化而提升。

表 6 - 5　其他治理机制对非控股大股东治理效应的影响（国有企业）

变量		Performance (Tobin's Q)				Absinvestment (Absinvestment)
		(1) CS	(2) RBCS	(3) BS	(4) ID	(5) CS
Leverage		- 0.010 *** (- 5.276)	- 0.010 *** (- 5.294)	- 0.010 *** (- 5.336)	- 0.010 *** (- 5.399)	- 0.006 (- 0.857)
ln_Assets		- 0.704 *** (- 16.667)	- 0.696 *** (- 16.546)	- 0.695 *** (- 16.480)	- 0.699 *** (- 16.592)	- 0.551 *** (- 3.812)
TA		- 0.001 (- 0.663)	- 0.001 (- 0.483)	- 0.001 (- 0.621)	- 0.001 (- 0.581)	- 0.049 *** (- 7.288)
Age		0.301 *** (3.233)	0.273 *** (2.937)	0.278 *** (2.980)	0.288 *** (3.100)	- 1.036 *** (- 3.250)
CF3 · I	1	0.016 *** (4.221)	0.010 ** (2.357)	0.029 *** (3.333)	0.015 *** (3.784)	0.053 *** (3.962)
	2	0.132 ** (2.567)	0.025 *** (5.256)	0.014 *** (3.604)	0.035 *** (3.531)	0.161 *** (5.894)
	3	—				

变量	Performance (Tobin's Q)				Absinvestment (Absinvestment)
	(1) CS	(2) RBCS	(3) BS	(4) ID	(5) CS
Adjusted R²	0.007	0.008	0.006	0.006	-0.071
样本	4720	4720	4720	4720	4720
F 值	84.71***	85.83***	84.30***	84.60***	27.11***

注：***、** 分别表示1%、5%的显著性水平。

从模型（3）可知，当董事会规模较低时，非控股大股东治理的系数为0.029，当董事会规模较高时，非控股大股东治理的系数为0.014（0.014 < 0.029），说明董事会规模的扩大会明显地弱化非控股大股东治理与公司价值之间的正相关关系。

从模型（4）可知，当独立董事比例较低时，非控股大股东治理的系数为0.015，当独立董事比例较高时，非控股大股东治理的系数为0.035（0.035 > 0.015），说明独立董事比例的提高会显著地强化非控股大股东治理与公司价值之间的正相关关系。

从模型（5）可知，当控股股东现金流权较低时，非控股大股东治理的系数为0.053，当控股股东现金流权较高时，非控股大股东治理的系数为0.161（0.161 > 0.053），说明控股股东现金流权的增加会明显地强化非控股大股东治理与非效率投资之间的正相关关系。

由于控股股东现金流权的增加对非控股大股东治理与第一类代理成本关系的影响不存在门限效应，控股股东关联董事的增加对非控股大股东治理与企业投资效率关系的影响不存在门限效应，所以在表中并未罗列出相关结果。

表6-6 其他治理机制对非控股大股东治理效应的影响（非国有企业）

变量		Performance (Tobin's Q)			Agency (FC)	Absinvestment (Absinvestment)
		（1）CS	（2）RBCS	（3）BS	（4）CS	（5）RBCS
Leverage		0.023 *** (49.733)	0.023 *** (49.744)	0.023 *** (49.704)	0.006 (0.713)	0.000 (0.302)
ln_Assets		-1.245 *** (-16.192)	-1.240 *** (-16.155)	-1.272 *** (-16.566)	4.134 *** (3.145)	0.158 (0.880)
TA		-0.004 (-0.709)	-0.005 (-0.881)	-0.004 (-0.732)	-0.016 (-0.176)	-0.055 *** (-4.528)
Age		2.544 *** (11.481)	2.608 *** (11.815)	2.580 *** (11.639)	-4.751 (-1.254)	-0.865 * (-1.671)
CF3·I	1	0.148 *** (6.246)	0.109 *** (8.714)	0.089 *** (6.527)	-0.924 * (-1.726)	0.100 *** (5.172)
	2	0.064 *** (7.642)	0.057 *** (6.556)	0.061 *** (6.801)	-0.299 ** (-2.113)	0.116 * (1.694)
	3	—	—	—		
Adjusted R^2		0.497	0.498	0.495	-0.106	-0.088
样本		2680	2680	2680	2680	2680
F 值		486.94 ***	489.13 ***	483.51 ***	2.83 ***	9.49 ***

注：***、**、*分别表示1%、5%和10%的显著性水平。

表6-6描述了非国有企业中控股股东和董事会治理对非控股大股东治理效应的影响。从表6-6的模型（1）可知，当控股股东现金流权较低时，非控股大股东治理的系数为0.148，当控股股东现金流权较高时，非控股大股东治理的系数为0.064（0.064＜0.148），说明控股股东现金流权的增加会明显地弱化非控股大股东治理与公司价值之间的正相关关系。从表6-6的模型（2）可知，当控股股东关联董事比例较低时，非控股大股东治理的系数为0.109，当控股股东关联董事比例较高时，非控股大股东治理的系数为0.057（0.057＜0.109），说明控股股东关联董事比例的增加会明显地弱化非控股大股东治理与公司价值之间的正相关关系。

总体来说，控股股东影响力（现金流权和关联董事比例）的加强会明显弱化非控股大股东治理与公司价值之间的正相关关系。

从模型（3）可知，当董事会规模较低时，非控股大股东治理的系数为 0.089，当董事会规模较高时，非控股大股东治理的系数为 0.061(0.061 < 0.089)，说明董事会规模的扩大会明显地弱化非控股大股东治理与公司价值之间的正相关关系。

从模型（4）可知，当控股股东现金流权较低时，非控股大股东治理的系数为 -0.924，当控股股东现金流权较高时，非控股大股东治理的系数为 -0.299(0.299 < 0.924)，说明控股股东现金流权的增加会明显地弱化非控股大股东治理与第一类代理成本之间的负相关关系。

从模型（5）可知，当控股股东关联董事比例较低时，非控股大股东治理的系数为 0.100，当控股股东关联董事比例较高时，非控股大股东治理的系数为 0.116(0.116 > 0.100)，说明控股股东关联董事的增加会明显地强化非控股大股东治理与非效率投资之间的正相关关系。

由于独立董事比例的增加对非控股大股东治理与公司价值关系的影响不存在门限效应，控股股东现金流权的增加对非控股大股东治理与企业投资效率关系的影响不存在门限效应，所以在表中并未罗列出相关结果。

6.3.2.3 稳健性分析

进一步，本章采用非控股大股东的控制权竞争力进行稳健性检验，结果见表 6 - 7。

从表 6 - 7 中模型（2）的结果可知，当控股股东关联董事比例较低时，非控股大股东治理的系数为 0.010，当控股股东关联董事比例较高时，非控股大股东治理的系数为 0.007（0.007 < 0.010），说明控股股东关联董事比例的提升会明显弱化非控股大

股东治理与公司价值之间的正相关关系。

从模型（3）可知，当董事会规模较低时，非控股大股东治理的系数为 0.019，当董事会规模较高时，非控股大股东治理的系数为 0.006（0.006 < 0.019），说明董事会规模的扩大会明显地弱化非控股大股东治理与公司价值之间的正相关关系。

从模型（4）可知，当独立董事比例较低时，非控股大股东治理的系数为 0.006，当独立董事比例较高时，非控股大股东治理的系数为 0.014（0.014 > 0.006），说明独立董事比例的提高会显著地强化非控股大股东治理与公司价值之间的正相关关系。

从模型（7）可知，当控股股东关联董事比例较低时，非控股大股东治理的系数为 0.006，当控股股东关联董事比例较高时，非控股大股东治理的系数为 0.105（0.105 > 0.006），说明控股股东关联董事比例的提升会明显地强化非控股大股东治理与非效率投资之间的正相关关系。

但从表 6-7 的结果可知，模型（1）、模型（5）和模型（6）（不存在门限效应）的结果与主效应分析结果不一致，归根结底，造成这种现象的原因在于非控股大股东控制权竞争力和控股股东的现金流权存在严重的多重共线性，相关性系数为 -0.560。为了解决这个问题，本章采用两权分离度来替代控股股东的现金流权，结果见模型（8）、模型（9）和模型（10）。

从模型（8）可知，当两权分离度较低时，非控股大股东治理的系数为 0.008，当两权分离度较高时，非控股大股东治理的系数为 0.004（0.004 < 0.008），说明两权分离度的提升会明显弱化非控股大股东治理与公司价值之间的正相关关系。

从模型（9）可知，当两权分离度较低时，非控股大股东治理的系数为 -0.032，当两权分离度较高时，非控股大股东治理的系数为 -0.026（0.026 < 0.032），说明两权分离度的增加会明显地弱

表6-7　其他治理机制对非控股大股东治理效应的影响

变量		Performance (Tobin's Q)				Agency (FC)	Absinvestment (Absinvestment)		Performance (Tobin's Q)	Agency (FC)	Absinvestment (Absinvestment)
		(1) CS	(2) RBCS	(3) BS	(4) ID	(5) CS	(6) CS	(7) RBCS	(8) 两权分离度	(9) 两权分离度	(10) 两权分离度
Leverage		0.022*** (59.970)	0.022*** (59.712)	0.022*** (60.099)	0.022*** (59.941)	0.008* (1.819)	—	-0.000 (-0.506)	0.022*** (59.841)	0.009** (2.025)	-0.000 (-0.454)
ln_Assets		-1.152*** (-30.815)	-1.140*** (-30.488)	-1.134*** (-30.432)	-1.141*** (-30.585)	1.381*** (3.173)	—	-0.073 (-0.762)	-1.142*** (-30.544)	1.703*** (4.004)	-0.055 (-0.579)
TA		-0.003* (-1.705)	-0.304* (-1.792)	-0.003* (-1.660)	-0.003* (-1.656)	0.041* (1.744)	—	-0.062*** (-12.007)	-0.003* (-1.712)	0.040* (1.737)	-0.062*** (-11.971)
Age		1.493*** (15.942)	1.456*** (15.579)	1.408*** (15.078)	1.442*** (15.439)	-0.479 (-0.443)	—	-1.576*** (-6.602)	1.457*** (15.589)	-1.086 (-1.021)	-1.546*** (-6.472)
State		-0.010 (-0.130)	-0.017 (-0.216)	0.013 (0.162)	0.005 (0.070)	0.741 (0.821)	—	-0.528*** (-2.628)	-0.016 (-0.203)	0.666 (0.745)	-0.500** (-2.486)
Contest 3·1	1	0.003*** (2.609)	0.010*** (9.395)	0.019*** (11.766)	0.006*** (7.587)	-0.027*** (-2.781)	—	0.006** (2.713)	0.008*** (10.146)	-0.032*** (-3.301)	0.004* (1.688)
	2	0.010*** (11.057)	0.007*** (7.499)	0.006*** (7.387)	0.014*** (10.669)	-2.907*** (-20.742)	—	0.021*** (6.437)	0.004** (2.483)	-3.097*** (-25.183)	0.034*** (3.754)
	3	—	—	—	—	-0.044*** (-3.038)	—	0.105*** (3.179)	—	-0.026* (-1.755)	0.013*** (4.970)
Adjusted R^2		0.265	0.263	0.268	0.265	-0.057	—	-0.082	0.263	-0.035	-0.083
样本		10120	10120	10120	10120	10120	—	10120	1020	10120	10120
F值		665.60***	662.09***	673.82***	667.52***	58.88***	—	31.91***	661.48***	84.04***	29.94***

注：***、**、*分别表示1%、5%和10%的显著性水平。

化非控股大股东治理与第一类代理成本之间的负相关关系。

从模型（10）可知，当两权分离度较低时，非控股大股东治理的系数为 0.004，当两权分离度较高时，非控股大股东治理的系数为 0.013(0.013 > 0.004)，说明两权分离度的提升会明显地强化非控股大股东治理与非效率投资之间的正相关关系。

综上所述，在控制了多重共线性的影响后，采用控制权竞争力进行稳健性检验的结果证明了本章主效应的研究结果是可靠的。

6.4　本章小结

本书选取 2007～2016 年沪深主板市场 1012 家上市公司为样本，采用门限模型深入分析控股股东和董事会治理对非控股大股东治理效应的影响。研究发现以下结论。

第一，引入控股股东和董事会治理，本章发现，非控股大股东治理与公司价值、非效率投资仍呈现显著正相关关系，与两类代理成本仍呈现显著的负相关关系，证明了本书前述章节的结果可靠。

第二，控股股东在三个方面影响非控股大股东的治理效应，分别为：控股股东影响力的加强会弱化非控股大股东治理与公司价值之间的正相关关系、弱化非控股大股东治理与第一类代理成本之间的负相关关系、强化非控股大股东治理与非效率投资之间的正相关关系。

第三，董事会治理影响非控股大股东与公司价值之间的正相关关系。董事会规模的扩大会弱化非控股大股东治理与公司价值之间的正相关关系，相反，独立董事比例的提升能够强化非控股大股东治理与公司价值之间的正相关关系。

第7章 非控股大股东治理经济后果研究

7.1 理论分析

7.1.1 非控股大股东治理的直接作用分析

在非控股大股东治理对公司价值影响方面。大多数学者认为，非控股大股东通过形成大股东之间的相互监督以及退出威胁能够提升企业的价值（Attig et al., 2009；姜付秀等，2015；Hope et al., 2017）。但也有部分学者认为，多个大股东之间存在合谋的可能（Maury & Pajuste, 2005；Laeven & Levine, 2007），大股东利用"联盟"的超额控制权进行"掏空"行为来侵占中小股东利益，从而降低公司价值；另外，多个大股东之间协调难度的加大也可能降低企业的决策效率，从而不利于公司价值提升。

在非控股大股东治理对代理成本影响方面。股权集中使得大股东监督管理层的收益大于其成本，大股东将积极监督经理人，或通过投票权迫使经理人遵令行事，更有甚者，发起公司接管、驱逐经理人，从这个角度来看，非控股大股东治理能够显著地降低第一类代理成本。非控股大股东治理对第二类代理问题具有相互竞争的治理效应，即监督效应和堑壕效应（Bennedsen & Wolfenzon，2000；Gomes & Novaes，2001）。一方面，非控股大股东为保证自身的利益不受控股股东的侵占，有能力和动力去监督控股股东的剥削行为，表现出监督效应（Bennedsen & Wolfenzon，2000；Jiang & Peng，2011）。另一方面，堑壕效应却揭示出非控股大股东存在与控股股东形成联盟去侵占中小股东利益的现象（Konijn et al.，2011）。

在非控股大股东治理对投资效率影响方面。在股权相对集中的背景下，非控股大股东对企业投资效率的影响存在相互竞争的观点。一方面，为维护自身的利益，大股东有能力和动力去监督控股股东的侵占行为，提升控股股东控制权私有收益的获取和转移成本，带来企业非效率投资水平的降低，特别是过度投资水平的降低（Faccio et al.，2011；Jameson et al.，2014），但是，由于大股东之间讨价还价成本上升，可能会导致更严重的投资不足。另一方面，由于高风险往往能带来高收益，而且这些超额收益往往由股东独享，而投资成本则有很大一部分会转嫁给债权人等利益相关者，非控股大股东为追求自身利益最大化可能会与控股股东相互合谋，形成利益联盟来共同追逐和分享超额控制权的私有收益（Bae et al.，2012），带来更加严重的非效率投资行为，特别是过度投资行为，同时，由于股东之间协商成本的下降，会带来投资不足问题的缓解（窦炜，2016）。

在代理成本与公司价值关系方面。双重委托代理理论认为，企业的代理成本包括两个方面：一是管理者与股东之间的代理成本，即第一类代理成本；二是股东与股东之间的代理成本，即第二类代理成本。委托代理理论认为，两类代理成本都与公司价值负相关（Shleifer & Vishny，1997）。

在非效率投资与公司价值关系方面。一般认为，投资不足和过度投资两类非效率投资都是偏离企业最优投资水平的低效率投资行为，因而，从理论上来说，非效率投资会降低企业的价值。经验证据方面，杜兴强等（2011）、詹雷和王瑶瑶（2013）实证证明了过度投资与公司价值之间的显著负相关关系，张洪辉（2014）也得到了投资不足与公司价值负相关的经验证据。但也有证据显示，非效率投资能够增加企业的价值，因为高风险往往带来高回报。

7.1.2 非控股大股东治理的间接作用分析

在非控股大股东—代理成本—公司价值的研究方面。从第一类代理成本方面来说，随着现金流权的增加，非控股大股东会更加有能力和动力去监督管理者行为，促使公司第一类代理成本下降，从而带来公司价值提升（Jensen & Meckling，1976）。从第二类代理成本方面来说，主流观点认为，非控股大股东治理能够抑制控股股东追逐私利的行为，从而促进公司价值的提升（Attig et al.，2009）。具体而言，非控股大股东能够抑制控股股东通过股利政策（Faccio et al.，2001）、盈余信息披露（Boubaker & Sami，2011）、财务结构（Buchuk et al.，2014；Li et al.，2015；Qian & Yeung，2015）以及关联交易（Yan & He，2018）等侵占中小股东利益的行为，带来公司价值提升。

在非控股大股东—非效率投资—公司价值的研究方面。曹（Cho，1998）指出，股权结构通过两个阶段来影响公司价值：第一阶段，股权结构影响企业的投资；第二阶段，企业投资影响公司价值。依据这一思路，本书分析了非控股大股东—非效率投资—公司价值之间的关系。从理论上来说，非控股大股东治理与企业投资效率之间存在相互竞争的治理效应。非控股大股东可能监督控股股东利用超额控制权追逐私利的行为，带来企业非效率投资水平的下降（Faccio et al.，2011；Jameson et al.，2014）；也可能与控股股东相互勾结，形成利益联盟，共同去侵占和瓜分企业利益，带来更严重的非效率投资行为（窦炜，2016）。另外，非效率投资与公司价值的关系也存在相互竞争的观点，其既可能降低公司价值，也可能带来公司价值提升。总的来说，非控股大股东与企业投资效率以及投资效率与公司价值之间的相互竞争观点，使得非控股大股东—投资效率—公司价值路径复杂难测。

7.2　模型设计与变量选取

7.2.1　模型设计

结构方程模型又名协方差结构模型，是多元数据分析的重要工具，其原理是基于变量的协方差矩阵来分析变量之间的关系。因而，结构方程模型具有以下优点：既可以处理潜在变量之间的关系，又可以视为路径分析与因子分析的组合；既可以描述变量间的因果关系，又可以同时分析交互效应和组合效应（阮素梅等，2014）。

一般来说，结构方程模型包括测量模型和结构模型。测量模型描述的是潜变量（不可观测变量）如何被相关的显变量（可观测变量）所测量；结构模型则描述了潜变量之间的关系，以及其他变量无法解释的部分。该模型的一般形式如下。

（1）测量方程的一般形式：

$$\underset{(q \cdot 1)}{X} = \underset{(q \cdot n)}{\Lambda_X} \underset{(n \cdot 1)}{\xi} + \underset{(q \cdot 1)}{\delta} \tag{7-1}$$

$$\underset{(p \cdot 1)}{Y} = \underset{(p \cdot m)}{\Lambda_Y} \underset{(m \cdot 1)}{\eta} + \underset{(p \cdot 1)}{\varepsilon} \tag{7-2}$$

其中，ξ 变量和 η 变量分别为外源潜变量和内源潜变量；X 变量和 Y 变量分别为外生显变量和内生显变量，也即为回归方程中的自变量和因变量；Λ_X 描述了 X 变量在 ξ 变量上的因子负荷矩阵，Λ_Y 描述了 Y 变量在 η 变量上的因子负荷矩阵；δ 和 ε 分别为 X 变量和 Y 变量的测量误差向量。

（2）结构方程的一般形式：

$$\underset{(m \cdot 1)}{\eta} = \underset{(m \cdot n)(m \cdot 1)}{B\eta} + \underset{(n \cdot n)(n \cdot 1)}{\Gamma\xi} + \underset{(m \cdot 1)}{\zeta} \qquad (7-3)$$

其中，B 和 Γ 均为结构方程的路径系数矩阵，B 描述内生潜变量之间的相互关系，Γ 描述内生潜变量受外生潜变量的影响程度，ζ 即为方程的残差向量。

根据各变量客观关系建立结构方程模型时，总是希望能够尽可能多地利用结构方程模型来描绘事物间的关系，但预设模型与样本数据匹配需要相互印证，为了获得符合事实且合理的模型，通常需要根据模型适配度的一些统计量来不断地修正模型。模型的适配度统计量所包括的内容见表7-1。

表7-1 模型适配度常用统计量及评断标准

序号	统计量	判断标准	应用范围
1	卡方值：χ^2	$p(\chi^2) > 0.05$	用于模型比较
2	卡方自由度比值：χ^2/df	$1 < \chi^2/df < 2$	用于模型比较
3	残差均方和平方根：RMSEA	RMSEA < 0.08	用于描述模型拟合能力
4	标准适配指数：NFI	NFI > 0.090	用于嵌套模型比较
5	比较适配指数：CFI	CFI > 0.090	用于嵌套模型比较

7.2.2 变量选取

公司价值。本章选用托宾值（Tobin's Q）衡量企业的价值水平，托宾值等于股权的市场价值加上公司总负债除以公司总资产。

代理成本。参考第 5 章内容，本章选取财务费用率（FC）衡量企业的第一类代理成本，选取控股股东净占款率（NFCS）衡量企业的第二类代理成本。

投资效率。参考第 5 章内容，本章采用理查森（Richardson，2006）的预期投资模型残差的绝对值衡量非效率投资水平。

非控股大股东治理。本章采用非控股大股东现金流权（CF3）衡量非控股大股东的治理能力，采用控制权竞争力（Contest3）进行稳健性检验。

控制变量，参考第 6 章内容，本章选取控股股东现金流权（CS）、控股股东关联董事比例（RBCS）、董事会人数（BS）以及独立董事比例（ID）作为控制变量。

变量的定义请参考前面章节，不再赘述。

7.2.3　数据来源

本书数据的收集和整理详见第 4 章，不再赘述。

7.2.4　描述性统计与相关性分析

表 7-2 展示了描述性统计和相关性分析的结果。其中，描述性统计结果列示于表中第 2、第 3 列，主要变量的详细叙述在第 4 章已经进行，在此不再赘述。相关性分析结果列示于表中第 4~第 12 列。从相关性分析结果可以看到，关键变量之间的相关系数都小于 0.5，说明后续的回归分析不必担心多重共线性对结果的影响。

表 7－2

描述性统计与相关性分析

变量	Mean	S. D.	1	2	3	4	5	6	7	8	9
1 Tobin's Q	2.493	2.592	1.000								
2 FC	3.287	22.485	-0.016*	1.000							
3 NFCS	-5.701	15.186	-0.035*	0.008	1.000						
4 Absinvestment	3.451	4.611	0.119*	0.016	0.060*	1.000					
5 CF3	8.123	7.553	0.078*	-0.018*	0.016	0.069*	1.000				
6 CS	37.676	15.885	-0.121*	-0.021*	-0.101*	-0.037*	-0.314*	1.000			
7 RBCS	27.246	18.084	-0.086*	-0.023*	-0.029*	-0.026*	-0.221*	0.356*	1.000		
8 BS	9.085	1.867	-0.114*	0.001	0.002	-0.007	0.089*	0.070*	0.058*	1.000	
9 ID	36.672	5.325	0.039*	0.006	0.010	-0.008	-0.067*	0.007	-0.069*	-0.321*	1.000

注：带 * 号数据表示至少在 10% 的水平上显著。

资料来源：国泰安数据库和上市公司年报。

7.3　结构方程模型结果与分析

7.3.1　主效应分析

本章采用 Amos 21.0 的极大似然法进行参数估计。但由于部分变量相关性过低或过高，以及非效率投资变量的衡量指标少于 3 个，因此，以下内容仅报告了结构方程的结果。

表 7-3 的最后一行显示了模型的适配度结果。结果显示，模型 P 值为 0.174，大于 0.05；模型的自由度比值为 1.751，在 1~2 之间；残差均方和平方根 RMSEA 值为 0.009，小于 0.08；标准适配指数为 0.989，大于 0.9；比较适配指数为 0.995，大于 0.9。结果表明，本章所建立的结构方程模型是合适的。

表 7-3　　　　　　　　　　结构方程模型估计结果

变量	估计值	S. E.	C. R.	P 值
NFCS←NCLSs	0.031	0.020	1.557	0.120
FC←NCLSs	−0.052	0.030	−1.761	*
Absinvestment←NCLSs	0.042	0.006	6.786	***
Tobin's Q←NCLSs	0.024	0.003	7.099	***
Tobin's Q←NFCS	−0.007	0.002	−4.327	***
Tobin's Q←FC	−0.002	0.001	−1.692	*
Tobin's Q←Absinvestment	0.066	0.006	11.805	***
适配度指标	P = 0.174 $\chi^2/df = 1.751$	RMSEA = 0.009	NFI = 0.989	CFI = 0.995

注：*** 、* 分别表示 1%、10% 的显著性水平。

表 7-3 列示了非控股大股东治理的具体影响效应。从表中可以发现，FC←NCLSs 在 10% 的水平下显著为负（−0.052*），说明非控股大股东治理能够显著地降低第一类代理成本。Absinvestment←NCLSs 在 1% 的水平下显著为正（0.042 ***），说明非控股大股东治理能够显著地提升企业非效率投资。Tobin's Q←NCLSs 在 1% 的水平下显著为正（0.024 ***），说明非控股大股东治理能够显著地提升公司价值水平。Tobin's Q←NFCS 在 1% 的水平下显著为负（-0.007 ***），说明第二类代理成本能够显著地降低公司价值水平。Tobin's Q←FC 在 10% 的水平下显著为负（-0.002 *），说明第一类代理成本能够显著地降低公司价值水平。Tobin's Q←Absinvestment 在 1% 的水平下显著为正（0.066 ***），说明非效率投资能够显著地提升公司价值水平。但是，NFCS←NCLSs 并不显著（0.031），说明非控股大股东治理不能够显著地影响第二类代理成本。

进一步整理非控股大股东的治理效应，结果见表 7 - 4。从直接作用来看：Tobin's Q←NCLSs 的系数在 1% 水平下为 0.024，其对公司价值的贡献率达 89.22%。从间接作用来看：由于非控股大股东并不显著地降低第二类代理成本，所以 Tobin's Q←NFCS←NCLSs 这一路径的贡献系数为 0；Tobin's Q←FC←NCLSs 的系数在 10% 水平下为 0.0001，其对公司价值的贡献率达 0.37%；Tobin's Q←Absinvestmen←NCLSs 的系数在 1% 水平下为 0.0028，其对公司价值的贡献率达 10.41%。总体来说，非控股大股东的间接作用为 0.0029，贡献率为 10.78%。

表 7 - 4　　　　　　　非控股大股东治理的效应分解

效应类别	具体路径	影响效应	贡献度	贡献占比（%）
直接作用	Tobin's Q←NCLSs	0.0240	0.0240	89.22
间接作用	Tobin's Q←NFCS←NCLSs	0.000 × (-0.007)	0.0000	0.00
	Tobin's Q←FC←NCLSs	(-0.052) × (-0.002)	0.0001	0.37
	Tobin's Q←Absinvestment←NCLSs	0.042 × 0.066	0.0028	10.41
总计			0.0269	

　　为使模型更贴合实际，本书进一步在模型中添加了控制变量，
经过模型修正后，本章加入的控制变量包括：控股股东现金流权
（CS）、控股股东关联董事（RBCS）、董事会规模（BS）以及独立
董事比例（ID）。表 7 - 5 列示了在添加控制变量后的非控股大股
东治理效应结果。从表中可以发现，NFCS←NCLSs 在 10% 的水平下
显著为负（- 0.036*），说明非控股大股东治理能够显著地降低第二
类代理成本。FC←NCLSs 在 1% 的水平下显著为负（- 0.089***），
说明非控股大股东治理能够显著地降低第一类代理成本。Absin-
vestment←NCLSs 在 1% 的水平下显著为正（0.040***），说明非控
股大股东治理能够显著地提升企业非效率投资。Tobin's Q←NCLSs
在 1% 的水平下显著为正（0.015***），说明非控股大股东治理能
够显著地提升公司价值水平。Tobin's Q←NFCS 在 1% 的水平下显
著为负（- 0.009***），说明第二类代理成本能够显著地降低公司
价值水平。Tobin's Q←FC 在 5% 的水平下显著为负（- 0.002**），
说明第一类代理成本能够显著地降低公司价值水平。Tobin's Q←
Absinvestment 在 1% 的水平下显著为正（0.064***），说明非效率
投资能够显著提升公司价值水平。

表 7 - 5　　　　　加入控制变量后结构方程模型估计结果

变量	估计值	S. E.	C. R.	P 值
NFCS←NCLSs	- 0.036	0.021	- 1.704	*
FC←NCLSs	- 0.089	0.032	- 2.809	***
Absinvestment←NCLSs	0.040	0.006	6.138	***
Tobin's Q←NCLSs	0.015	0.004	4.257	***
Tobin's Q←NFCS	- 0.009	0.002	- 5.300	***
Tobin's Q←FC	- 0.002	0.001	- 2.021	**
Tobin's Q←Absinvestment	0.064	0.005	11.700	***
CS、RBCS、BS、ID	控制			
适配度指标	P = 0.222 $\chi^2/\mathrm{df} = 1.507$	RMSEA = 0.007	NFI = 0.999	CFI = 1.000

　　注：*** 、** 、* 分别表示 1%、5% 和 10% 的显著性水平。

进一步整理非控股大股东的治理效应，结果见表 7 - 6。从直接作用来看：Tobin's Q←NCLSs 的系数在 1% 水平下为 0.015，其对公司价值的贡献率达 82.87%。从间接作用来看：Tobin's Q←NFCS←NCLSs 系数在 10% 水平下为 0.0003，其对公司价值的贡献率达 1.66%；Tobin's Q←FC←NCLSs 的系数在 5% 水平下为 0.0002，其对公司价值的贡献率达 1.10%；Tobin's Q←Absinvestmen←NCLSs 的系数在 1% 水平下为 0.0026，其对公司价值的贡献率达 14.37%。总体来说，非控股大股东的间接作用为 0.0031，贡献率为 17.13%。

表 7 - 6   加入控制变量后非控股大股东治理的效应分解

效应类别	具体路径	影响效应	贡献度	贡献占比（%）
直接作用	Tobin's Q←NCLSs	0.015	0.0150	82.87
间接作用	Tobin's Q←NFCS←NCLSs	(−0.036)×(−0.009)	0.0003	1.66
	Tobin's Q←FC←NCLSs	(−0.089)×(−0.002)	0.0002	1.10
	Tobin's Q←Absinvestment←NCLSs	0.040×0.064	0.0026	14.37
总计			0.0181	

7.3.2   异质性分析

本章进一步将样本划分为国有企业与非国有企业，研究非控股大股东治理效应在不同性质企业中的表现。

表 7 - 7 描述的是国有企业的非控股大股东治理效应。从表中可以看到，NFCS←NCLSs 在 10% 的水平下显著为负（−0.048*），说明非控股大股东治理能够显著地降低第二类代理成本。FC←NCLSs 在 5% 的水平下显著为正（0.033**），说明非控股大股东治理能够显著地增加第一类代理成本。Absinvestment←NCLSs 在 1% 的水平下显著为正（0.037***），说明非控股大股东治理能够显著

地提升企业非效率投资。Tobin's Q←NCLSs 在 5% 的水平下显著为正（0.007 **），说明非控股大股东治理能够显著地提升公司价值水平。Tobin's Q←NFCS 在 1% 的水平下显著为正（0.006 ***），说明第二类代理成本能够显著地提升公司价值水平。Tobin's Q←FC 在 1% 的水平下显著为负（-0.011 ***），说明第一类代理成本能够显著地降低公司价值水平。Tobin's Q←Absinvestment 在 1% 的水平下显著为正（0.042 ***），说明非效率投资能够显著提升公司价值水平。

表 7 - 7　　　　　　结构方程模型估计结果（国有企业）

变量	估计值	S. E.	C. R.	P 值
NFCS←NCLSs	-0.048	0.025	-1.913	*
FC←NCLSs	0.033	0.017	2.006	**
Absinvestment←NCLSs	0.037	0.008	4.882	***
Tobin's Q←NCLSs	0.007	0.003	2.012	**
Tobin's Q←NFCS	0.006	0.002	3.479	***
Tobin's Q←FC	-0.011	0.002	-4.282	***
Tobin's Q←Absinvestment	0.042	0.005	7.654	***
CS、RBCS、BS、ID	控制			
适配度指标	P = 0.154 $\chi^2/\mathrm{df} = 1.874$	RMSEA = 0.012	NFI = 0.998	CFI = 0.999

注：***、**、* 分别表示 1%、5% 和 10% 的显著性水平。

进一步整理非控股大股东的治理效应，结果见表 7 - 8。从表中可以看到，非控股大股东在国有企业中的治理效应具有两面性：一方面，其表现为积极效应，Tobin's Q←NCLSs 的系数在 5% 水平下为 0.007，其对公司价值的贡献率达 88.61%；Tobin's Q←Absinvestmen←NCLSs 的系数在 1% 水平下为 0.0016，其对公司价值的贡献率达 20.25%。另一方面，其表现为消极效应，Tobin's Q←NFCS ←NCLSs 系数在 10% 水平下为 -0.0003，其对公司价值的贡献率

达 – 3. 80% ；Tobin's Q ← FC ← NCLSs 的系数在 5% 水平下为 – 0. 0004，其对公司价值的贡献率达 – 5. 06% 。不同于前述章节的结果，本章国有企业非控股大股东治理效应出现竞争性的结果，造成这一差异的原因可能可以归结为内生性问题的影响，本章并没有控制内生性问题对结果的影响，这可能造成结果出现偏差。

表7 – 8　　国有企业非控股大股东治理的效应分解（国有企业）

效应类别	具体路径	影响效应	贡献度	贡献占比（%）
直接作用	Tobin's Q←NCLSs	0. 007	0. 0070	88. 61
间接作用	Tobin's Q←NFCS←NCLSs	（ – 0. 048）×0. 006	– 0. 0003	– 3. 80
	Tobin's Q←FC←NCLSs	0. 033 ×（ – 0. 011）	– 0. 0004	– 5. 06
	Tobin's Q←Absinvestment←NCLSs	0. 037 ×0. 042	0. 0016	20. 25
总计			0. 0079	

表7 – 9 描述的是非国有企业的非控股大股东治理效应。从表中可以看到，NFCS←NCLSs 不显著，说明非控股大股东治理不能显著地降低第二类代理成本。FC←NCLSs 在 1% 的水平下显著为负（ – 0. 271[***]），说明非控股大股东治理能够显著地降低第一类代理成本。Absinvestment←NCLSs 在 1% 的水平下显著为正（0. 043[***]），说明非控股大股东治理能够显著地提升企业非效率投资。Tobin's Q←NCLSs 在 1% 的水平下显著为正（0. 030[***]），说明非控股大股东治理能够显著地提升公司价值水平。Tobin's Q←NFCS 在 1% 的水平下显著为负（ – 0. 028[***]），说明第二类代理成本能够显著地降低公司价值水平。Tobin's Q←FC 不显著，说明第一类代理成本不能显著地降低公司价值水平。Tobin's Q←Absinvestment 在 1% 的水平下显著为正（0. 084[***]），说明非效率投资能够显著提升公司价值水平。

表 7 – 9　　　　　　结构方程模型估计结果（非国有企业）

变量	估计值	S. E.	C. R.	P 值
NFCS←NCLSs	− 0. 017	0. 038	− 0. 460	0. 645
FC←NCLSs	− 0. 271	0. 077	− 3. 502	***
Absinvestment←NCLSs	0. 043	0. 012	3. 670	***
Tobin's Q←NCLSs	0. 030	0. 008	3. 997	***
Tobin's Q←NFCS	− 0. 028	0. 003	− 8. 609	***
Tobin's Q←FC	− 0. 001	0. 002	− 0. 897	0. 369
Tobin's Q←Absinvestment	0. 084	0. 010	8. 116	***
CS、RBCS、BS、ID	控制			
适配度指标	P = 0. 277 χ^2/df = 1. 282	RMSEA = 0. 009	NFI = 0. 999	CFI = 1. 000

注：*** 表示 1% 的显著性水平。

　　进一步整理非控股大股东的治理效应，结果见表 7 – 10。从直接作用来看：Tobin's Q←NCLSs 的系数在 1% 水平下为 0. 0300，其对公司价值的贡献率达 89. 29%。从间接作用来看：Tobin's Q←Absinvestmen←NCLSs 的系数在 1% 水平下为 0. 0036，其对公司价值的贡献率达 10. 71%。总体来说，非控股大股东的间接作用为 0. 0036，贡献率为 10. 71%。

表 7 – 10　　　　非控股大股东治理的效应分解（非国有企业）

效应类别	具体路径	影响效应	贡献度	贡献占比（%）
直接作用	Tobin's Q←NCLSs	0. 030	0. 030	89. 29
间接作用	Tobin's Q←NFCS←NCLSs	(− 0. 000) × (− 0. 028)	0. 0000	0. 00
	Tobin's Q←FC←NCLSs	(− 0. 271) × (− 0. 000)	0. 0000	0. 00
	Tobin's Q←Absinvestment←NCLSs	0. 043 × 0. 084	0. 0036	10. 71
总计			0. 0336	

7.3.3　稳健性检验

　　进一步，采用控制权竞争力进行稳健性检验，表 7 – 11 列示了检验结果。从表中可以发现，NFCS←Contest3 在 5% 的水平下显著为负（-0.011**），说明非控股大股东治理能够显著降低第二类代理成本。FC←Contest3 在 1% 的水平下显著为负（-0.030***），说明非控股大股东治理能够显著降低第一类代理成本。Absinvestment←Contest3 在 1% 的水平下显著为正（0.007***），说明非控股大股东治理能够显著提升企业非效率投资。Tobin's Q←Contest3 在 1% 的水平下显著为正（0.005***），说明非控股大股东治理能够显著地提升公司价值水平。Tobin's Q←NFCS 在 1% 的水平下显著为负（-0.009***），说明第二类代理成本能够显著地降低公司价值水平。Tobin's Q←FC 在 10% 的水平下显著为负（-0.002*），说明第一类代理成本能够显著地降低公司价值水平。Tobin's Q←Absinvestment 在 1% 的水平下显著为正（0.064***），说明非效率投资能够显著地提升公司价值水平。

表 7-11　　　　结构方程模型估计结果（稳健性检验）

变量	估计值	S. E.	C. R.	P 值
NFCS←Contest3	-0.011	0.005	-2.157	**
FC←Contest3	-0.030	0.008	-3.888	***
Absinvestment←Contest3	0.007	0.002	4.672	***
Tobin's Q←Contest3	0.005	0.001	6.010	***
Tobin's Q←NFCS	-0.009	0.002	-5.247	***
Tobin's Q←FC	-0.002	0.001	-1.909	*
Tobin's Q←Absinvestment	0.064	0.005	11.699	***
CS、RBCS、BS、ID	控制			
适配度指标	P = 0.223 $\chi^2/df = 1.502$	RMSEA = 0.007	NFI = 1.000	CFI = 1.000

注：***、**、* 分别表示 1%、5% 和 10% 的显著性水平。

进一步整理非控股大股东的治理效应，结果见表 7-12。从直接作用来看：Tobin's Q←NCLSs 的系数在 1% 水平下为 0.0050，其对公司价值的贡献率达 89.29%。从间接作用来看：Tobin's Q←NFCS←NCLSs 系数在 5% 水平下为 0.0001，其对公司价值的贡献率达 1.79%；Tobin's Q←FC←NCLSs 的系数在 10% 水平下为 0.0001，其对公司价值的贡献率达 1.79%；Tobin's Q ← Absinvestment ← NCLSs 的系数在 1% 水平下为 0.0004，其对公司价值的贡献率达 7.14%。总体来说，非控股大股东的间接作用为 0.0006，贡献率为 10.72%。

表 7-12 非控股大股东治理效应的效应分解（稳健性检验）

效应类别	具体路径	影响效应	贡献度	贡献占比（%）
直接作用	Tobin's Q←Contest3	0.005	0.0050	89.29
间接作用	Tobin's Q←NFCS←Contest3	$(-0.011) \times (-0.009)$	0.0001	1.79
	Tobin's Q←FC←Contest3	$(-0.030) \times (-0.002)$	0.0001	1.79
	Tobin's Q←Absinvestment←Contest3	0.007×0.064	0.0004	7.14
总计			0.0056	

7.4　本章小结

本章选取 2007～2016 年沪深主板市场 1012 家上市公司为样本，采用结构方程模型建立非控股大股东治理影响公司价值的综合影响模型，并通过综合影响模型估算非控股大股东治理的经济后果。研究结果发现以下结论。

第一，非控股大股东治理与公司价值和非效率投资呈现显著正相关关系，与两类代理成本呈现显著的负相关关系，证明本书第 4 章和第 5 章的研究结果可靠。

第二，非控股大股东治理能够显著提升公司价值，每提升 1 单位非控股大股东的现金流权，能够提升 1.81% 的公司价值。其中，非控股大股东现金流权直接作用于公司价值的贡献率达 82.87%。非控股大股东现金流权间接作用于公司价值的贡献率达 17.13%。在间接作用中，非控股大股东现金流权通过减少第一类代理成本来增加公司价值的贡献率为 1.10%，通过减少第二类代理成本来增加公司价值的贡献率为 1.66%，通过增加非效率投资来增加公司价值的贡献率为 14.37%。

第8章 结论与展望

8.1 研究结论

除了分散的股权结构与绝对集中的股权结构之外，多重股权结构也广泛地存在，这就意味着公司治理研究的重点除管理者和控股股东之外，也应包含对非控股大股东治理角色的研究。事实上，国美控制权之争就让大众目睹了非控股大股东影响公司的非凡能力。但是，由于传统的中国上市公司股权绝对集中，所以，学者对中国上市公司非控股大股东治理效应的研究很少。而随着股权分置改革的进行，中国上市公司股权结构由"一股独大"向"一个控股股东、多个大股东和众多中小股东"转变，这为本书研究非控股大股东治理提供了条件。因而，本书基于股权分置改革后的数据研究了中国上市公司非控股大股东治理对公司价值的影响。

本书选取 2007～2016 年沪深主板市场 1012 家上市公司为样本，以非控股大股东的现金流权、控制权竞争力和关联董监来衡量非控股大股东的治理能力，分析了非控股大股东治理对公司价值的影响效应，揭示了非控股大股东治理的影响路径（代理成本和投资效率），探讨了非控股大股东治理的作用边界（控股股东和董事会治理），进而，通过构建非控股大股东治理的综合影响模型估算其经济后果。本书研究结论如下。

第一，非控股大股东治理能够显著提升公司价值。本书采用面板数据和F检验从非线性的角度实证检验了非控股大股东治理对公司价值的影响。研究发现：无论是从非控股大股东现金流权角度出发，还是从控制权竞争力，抑或是从关联董监的角度出发，非控股大股东治理与公司价值之间都存在显著的正相关关系，说明非控股大股东治理确实能够有效地提升公司价值；在控制了内生性问题、进行了变量替换、探讨了不同回归模型以及区分了企业性质和两权分离度的情况下，上述结论仍然成立。

第二，非控股大股东治理能够降低代理成本，也会提升企业的非效率投资水平。本书实证分析了非控股大股东治理对代理成本和投资效率的影响。研究发现：代理成本与公司价值之间存在显著的负相关关系，非效率投资与公司价值之间存在显著的正相关关系；非控股大股东治理能够显著地降低两类代理成本；非控股大股东治理能够显著地增加上市公司的非效率投资水平和过度投资水平，但也会显著地减少公司的投资不足现象；在控制了内生性问题、进行了变量替换、探讨了不同回归模型以及区分了企业性质和两权分离度的情况下，这些结论仍然成立。总的来说，非控股大股东能够通过降低代理成本和提升非效率投资来提升公司价值。

第三，控股股东和董事会治理对非控股大股东治理效应存在明显影响。本书采用门限模型深入分析了控股股东和董事会治理对非控股大股东治理的影响。研究发现：控股股东从三个方面影响非控股大股东的治理效应，即提升控股股东影响力会弱化非控股大股东治理与公司价值之间的正相关关系、会弱化非控股大股东治理与第一类代理成本之间的负相关关系、会强化非控股大股东治理与非效率投资之间的正相关关系。另外，董事会规模扩大会弱化非控股大股东治理与公司价值之间的正相关关系，相反，独立董事比例提高能够强化非控股大股东治理与公司价值之间的正相关关系。

第四，非控股大股东治理具有明显的经济后果。本书采用结构方程模型建立了非控股大股东治理影响公司价值的综合影响模型，通过综合影响模型来估算非控股大股东治理的经济后果。研究发现：非控股大股东治理能够显著提升公司价值，每提升 1 单位非控股大股东的现金流权，能够提升 1.81% 的公司价值。其中，非控股大股东现金流权直接作用于公司价值的贡献率达 82.87%，非控股大股东现金流权间接作用于公司价值的贡献率达 17.13%。在间接作用中，非控股大股东现金流权通过减少第一类代理成本来增加公司价值的贡献率为 1.10%，通过减少第二类代理成本来增加公司价值的贡献率为 1.66%，通过增加非效率投资来增加公司价值的贡献率为 14.37%。

综上所述，非控股大股东的公司治理角色具有显著的两面性：一方面，存在积极的治理效应，非控股大股东治理能够显著地降低企业的代理成本；另一方面，也存在消极的治理效果，非控股大股东会显著地增加上市公司的非效率投资水平，特别是过度投资水平。毫无疑问，非控股大股东扮演着重要的公司治理角色，但我们也应该意识到，非控股大股东不会总是与中小股东站在统一的战线上去监督控股股东和管理层的行为，非控股大股东表现出积极或消极的治理效应取决于其自身的得与失。因而，把握好非控股大股东的本质特征有利于我们更好地理解其行为，有助于我们充分发挥其积极性、限制其消极性。

8.2 研究展望

尽管为探讨非控股大股东治理影响公司价值的作用机理，本书采用非控股大股东的现金流权、控制权竞争力和关联董监衡量非控股大股东治理能力，分析了非控股大股东治理的影响效应、影响路径、影响边界和经济后果。但本书的研究仍存在一些不足和可以继续深入拓展的内容，以进一步提高研究的理论意义与实际意义。

本书研究的不足主要表现在两个方面：第一，本书假设非控股大股东之间的目标与行动一致，这可能导致研究结论出现偏差，存在夸大非控股大股东治理效应的嫌疑。第二，本书并未探讨非控股大股东身份对研究结果的影响。不同的股东以其特有的资源和能力来影响上市公司（Mykhayliv & Zauner，2017），同时也对公司具有不同的诉求（Villalonga & Amit，2006；Lin et al.，2016）。如国有股东就更容易以宏观和政治目标取代公司价值最大化目标；基金类股东不能在上市公司存在关联董事；外资股东进入存在多种限制等，这些情况造就了不同身份的非控股大股东对公司会产生不同影响。

本书值得继续拓展的研究内容包括：第一，探讨非控股大股东身份差异带来的治理效应变化。这方面的研究主要包括两部分内容：一方面是探讨非控股大股东因身份背景不同而作出不同的决策结果及其对公司治理的影响，比如风险投资者更注重企业的未来发展，而具有政治关联的股东可能更关注企业的风险性规避和社会效益，这些都会对公司产生不同影响；另一方面是分析非控股大股东与管理层或控股股东有相近或相似的背景或经历，在决策时是否会更倾向于与相似属性的人员一致。第二，更深入地探讨非控股大股东参与治理积极性的影响。随着网络投票的简便化和股东投票制度的完善，非控股大股东除了委派关联董监参与公司治理外，"用手投票"可能也是非控股大股东积极治理的一种方式，直接投票不仅可以直接否决存在内部人私利嫌疑的提案，也能够通过推选人选进入董事会，以获得企业的内部信息，从而更容易实现对管理层和控股股东的有效监督。

参考文献

［1］安灵，刘星，白艺昕．股权制衡、终极所有权性质与上市企业非效率投资［J］．管理工程学报，2008，22（2）：122 – 129.

［2］安烨，钟廷勇，朱欣悦．制造业上市公司股权特征对公司绩效影响实证研究［J］．财经问题研究，2011（11）：43 – 49.

［3］安烨，钟廷勇．股权集中度、股权制衡与公司绩效关联性研究——基于中国制造业上市公司的实证分析［J］．东北师大学报（哲学社会科学版），2011（6）：46 – 52.

［4］白重恩，刘俏，陆洲，等．中国上市公司治理结构的实证研究［J］．经济研究，2005，2（5）：81 – 91.

［5］蔡地，罗进辉，唐贵瑶．家族成员参与管理、制度环境与技术创新［J］．科研管理，2016，37（4）：85 – 93.

［6］曹廷求，孙宇光．股权结构、公司特征与上市公司董事会规模［J］．山东大学学报，2007（3）：70 – 77.

［7］曹业．对我国公司治理中引入独立董事制度的思考［J］．山西财经大学学报，2006（S2）：63.

［8］曹裕，陈晓红，万光羽．控制权、现金流权与公司价值——基于企业生命周期的视角［J］．中国管理科学，2010（3）：185 – 192.

［9］陈效东，周嘉南，黄登仕．高管人员股权激励与公司非效率投资：抑制或者加剧？［J］．会计研究，2016（7）：42 – 49.

［10］董红晔，李小荣．国有企业高管权力与过度投资［J］．经济管理，2014（10）：75－87．

［11］窦欢，陆正飞．大股东代理问题与上市公司的盈余持续性［J］．会计研究，2017（5）：34－41，98．

［12］窦炜，刘星，安灵．股权集中、控制权配置与公司非效率投资行为——兼论大股东的监督抑或合谋？［J］．管理科学学报，2011，14（11）：81－96．

［13］杜兴强，曾泉，杜颖洁．政治联系、过度投资与公司价值［J］．金融研究，2011（8）：93－110．

［14］杜兴强，周泽将．制度环境、公司治理与独立董事——依据伊利股份案例的研究［J］．审计与经济研究，2010（6）：75－82．

［15］杜莹，刘立国．股权结构与公司治理效率：中国上市公司的实证分析［J］．管理世界，2002（11）：124－133．

［16］冯根福．双重委托代理理论：上市公司治理的另一种分析框架［J］．经济研究，2004（12）：16－25．

［17］高凤莲，王志强．独立董事个人社会资本异质性的治理效应研究［J］．中国工业经济，2016（3）：146－160．

［18］高雷，宋顺林．治理环境、治理结构与代理成本——来自国有上市公司面板数据的经验证据［J］．经济评论，2007（3）：35－40．

［19］高明华，谭玥宁．董事会治理、产权性质与代理成本——基于中国上市公司的实证研究［J］．经济与管理研究，2014（2）：5－13．

［20］高帅．中国房地产上市公司治理结构，多元化与企业绩效研究［D］．北京：清华大学博士学位论文，2016．

［21］郭琦，罗斌元．融资约束、会计信息质量与投资效率［J］．中南财经政法大学学报，2013（1）：102－109．

[22] 韩丹，王磊．基于股权结构视角的上市公司投资不足研究 [J]．西北工业大学学报（社会科学版）2016（3）：57-65.

[23] 韩东京．所有权结构、公司治理与外部审计监督——来自中国上市公司的经验证据 [J]．审计研究，2008（2）：55-64.

[24] 韩忠雪，周婷婷．产品市场竞争、融资约束与公司现金持有：基于中国制造业上市公司的实证分析 [J]．南开管理评论，2011（4）：149-160.

[25] 郝项超，梁琪．最终控制人股权质押损害公司价值么？ [J]．会计研究，2009（7）：57-63.

[26] 郝颖，刘星，林朝南．我国上市公司高管人员过度自信与投资决策的实证研究 [J]．中国管理科学，2012（5）：142-148.

[27] 郝云宏，汪茜．混合所有制企业股权制衡机制研究——基于"鄂武商控制权之争"的案例解析 [J]．中国工业经济，2015（3）：148-160.

[28] 胡建平，干胜道．自由现金流量的代理成本：理论和证据 [J]．当代财经，2009（12）：107-114.

[29] 黄海杰，吕长江，丁慧．独立董事声誉与盈余质量——会计专业独董的视角 [J]．管理世界，2016（3）：128-143，188.

[30] 黄之骏．经营者股权激励与企业价值：基于内生性视角的理论分析与经验证据 [D]．广州：暨南大学博士学位论文，2006.

[31] 简新华．委托代理风险与国有企业改革 [J]．经济研究，1998（9）：44-49.

[32] 姜付秀，黄磊，张敏．产品市场竞争、公司治理与代理成本 [J]．世界经济，2009（10）：46-59.

［33］姜付秀，马云飙，王运通．退出威胁能抑制控股股东私利行为吗？［J］．管理世界，2015（5）：147－159.

［34］姜付秀，王运通，田园，等．多个大股东与企业融资约束——基于文本分析的经验证据［J］．管理世界，2017（12）：61－74.

［35］兰小春，姜振寰，惠晓峰．上市公司内部治理机制间交互关系实证研究［J］．哈尔滨工程大学学报，2008，29（7）：755－760.

［36］兰小春．交互作用影响下的公司治理机制与经营绩效关系研究［D］．哈尔滨：哈尔滨工业大学博士学位论文，2008.

［37］李海凤，史燕平．信息披露质量影响资本配置效率实证检验［J］．重庆大学学报（社会科学版），2015，21（2）：42－47.

［38］李连伟．上市公司股权激励效应及作用路径研究［D］．吉林：吉林大学博士学位论文，2017.

［39］李明辉．股权结构、公司治理对股权代理成本的影响——基于中国上市公司2001～2006年数据的研究［J］．金融研究，2009（2）：149－168.

［40］李胜楠，牛建波．家族企业董事会规模价值再研究——基于绩效波动与绩效水平的整合分析［J］．经济管理，2009（2）：120－125.

［41］李维安，李滨．机构投资者介入公司治理效果的实证研究——基于CCGI^{NK}的经验研究［J］．南开管理评论，2008（1）：4－14.

［42］李维安，张国萍．经理层治理评价指数与相关绩效的实证研究［J］．经济研究，2005（11）：87－98.

［43］李新春，杨学儒，姜岳新，等．内部人所有权与企业价

值——对中国民营上市公司的研究 [J]. 经济研究，2008（11）：27 – 39.

[44] 李艳丽，孙剑非，伊志宏. 公司异质性、在职消费与机构投资者治理 [J]. 财经研究，2012，38（6）：27 – 37.

[45] 李豫湘，甘霖. 中国上市公司各种主体治理机制的相关性和有效性实证研究 [J]. 系统工程理论与实践，2004（6）：33 – 40.

[46] 连玉君，苏治. 融资约束、不确定性与上市公司投资效率 [J]. 管理评论，2009，21（1）：19 – 26.

[47] 梁红玉，姚益龙，宁吉安. 媒体监督、公司治理与代理成本 [J]. 财经研究，2012，38（7）：90 – 100.

[48] 梁权熙，曾海舰. 独立董事制度改革、独立董事的独立性与股价崩盘风险 [J]. 管理世界，2016（3）：144 – 159.

[49] 林莞娟，王辉，韩涛. 股权分置改革对国有控股比例以及企业绩效影响的研究 [J]. 金融研究，2016（1）：192 – 206.

[50] 刘慧龙，陆勇，宋乐. 大股东"隧道挖掘"：相互制衡还是竞争性合谋——基于"股权分置"背景下中国上市公司的经验研究 [J]. 中国会计评论，2009，7（1）：97 – 112.

[51] 刘慧龙，王成方，吴联生. 决策权配置、盈余管理与投资效率 [J]. 经济研究，2014（8）：93 – 106.

[52] 刘剑，谈传生. 管理层持股与公司绩效：来自深圳股票市场的经验证据 [J]. 中国软科学，2005（10）：112 – 119.

[53] 刘锦红. 控制权、现金流权与公司绩效——基于中国民营上市公司的分析 [J]. 财经科学，2009（5）：64 – 71.

[54] 刘新燕，李雪妮，李小玲. 民营高科技企业终极控制人股权结构与资本运营绩效研究 [J]. 宏观经济研究，2013（5）：90 – 96.

[55] 陆智强，李红玉. 监督强度、决策效率与董事会规

模——来自中国上市公司的经验证据 [J]. 上海经济研究, 2012 (11): 34 – 44.

[56] 罗斌元. 会计信息质量对企业投资效率的作用机理 [J]. 商业研究, 2014 (6): 64 – 75.

[57] 罗进辉. 媒体报道的公司治理作用 [J]. 金融研究, 2012 (10): 153 – 166.

[58] 罗明琦. 企业产权、代理成本与企业投资效率——基于中国上市公司的经验证据 [J]. 中国软科学, 2014 (7): 172 – 184.

[59] 吕景胜, 邓汉. 全流通条件下上市公司股权治理结构对代理成本的影响研究——基于 2009 年中小板制造类上市公司的经验数据分析 [J]. 中国软科学, 2010 (11): 136 – 143.

[60] 吕长江, 严明珠, 郑慧莲, 等. 为什么上市公司选择股权激励计划? [J]. 会计研究, 2011 (1): 68 – 75.

[61] 吕长江, 张海平. 股权激励计划对公司投资行为的影响 [J]. 管理世界, 2011 (11): 118 – 126.

[62] 毛洪安, 李晶晶. 代理成本、股权结构与公司债务期限结构 [J]. 中南财经政法大学学报, 2010 (5): 104 – 109.

[63] 毛世平. 金字塔控制结构与股权制衡效应——基于中国上市公司的实证研究 [J]. 管理世界, 2009 (1): 140 – 152.

[64] 饶育蕾, 汪玉英. 中国上市公司大股东对投资影响的实证研究 [J]. 南开经济评论, 2006 (5): 67 – 73.

[65] 阮素梅, 丁忠明, 刘银国, 等. 股权制衡与公司价值创造能力 "倒 U 型" 假说检验——基于面板数据模型的实证 [J]. 中国管理科学, 2014 (2): 119 – 127.

[66] 沈艺峰, 肖珉, 林涛. 投资者保护与上市公司资本结构 [J]. 经济研究, 2009 (7): 131 – 142.

[67] 盛默. 两权分离与代理成本 [J]. 财经研究, 1990 (10): 45 - 49.

[68] 施东辉. 股权结构、公司治理与价值表现 [J]. 世界经济, 2000 (12): 54 - 56.

[69] 石水平. 控制权转移、超控制权与大股东利益侵占——来自上市公司高管变更的经验证据 [J]. 金融研究, 2010 (4): 160 - 176.

[70] 宋力, 韩亮亮. 大股东持股比例对代理成本影响的实证分析 [J]. 南开管理评论, 2005, 8 (1): 30 - 34.

[71] 宋淑琴. 信息披露质量与债务治理效应——基于银行贷款与债券的对比分析 [J]. 财经问题研究, 2013 (3): 57 - 64.

[72] 苏启林. 代理问题、公司治理与企业价值——以民营上市公司为例 [J]. 中国工业经济, 2004 (4): 100 - 106.

[73] 苏忠秦, 黄登仕. 家族控制、两权分离与债务期限结构选择——来自中国上市公司的经验证据 [J]. 管理评论, 2012, 24 (7): 132 - 142.

[74] 孙光国, 孙瑞琦. 控股股东委派执行董事能否提升公司治理水平 [J]. 南开管理评论, 2018, 21 (1): 88 - 98, 108.

[75] 孙永祥, 黄祖辉. 上市公司的股权结构与绩效 [J]. 经济研究, 1999 (12): 23 - 30, 39.

[76] 谭兴民, 宋增基, 杨天赋. 中国上市银行股权结构与经营绩效的实证分析 [J]. 金融研究, 2010 (11): 144 - 154.

[77] 唐建新, 李永华, 卢剑龙. 股权结构、董事会特征与大股东掏空——来自民营上市公司的经验证据 [J]. 经济评论, 2013 (1): 86 - 95.

[78] 唐跃军. 审计质量 VS. 信号显示——终极控制权, 大股东治理战略与审计师选择 [J]. 金融研究, 2011 (5): 139 - 155.

[79] 唐宗明，蒋位. 中国上市公司大股东侵害度实证分析 [J]. 经济研究，2002，4 (2)：44-50.

[80] 田利辉. 国有产权、预算软约束和中国上市公司杠杆治理 [J]. 管理世界，2005 (7)：123-128.

[81] 田满文. 中国农业上市公司债务融资效率比较研究 [J]. 农业经济问题，2009 (9)：75-82.

[82] 汪昌云，孙艳梅. 代理冲突、公司治理和上市公司财务欺诈的研究 [J]. 管理世界，2010 (7)：130-143.

[83] 王满四，邵国良. 民营上市公司大股东机制的公司治理效应实证分析——考虑各种主体治理机制的相关性 [J]. 金融研究，2007 (2)：133-145.

[84] 王培林，靳云汇，贾昌杰. 从并购行为剖析中国上市公司代理成本问题 [J]. 金融研究，2007 (4A)：171-177.

[85] 王鹏，周黎安. 控股股东的控制权、所有权与公司绩效：基于中国上市公司的证据 [J]. 金融研究，2006 (2)：88-98.

[86] 王艳艳，陈汉文，于李胜. 代理冲突与高质量审计需求——来自中国上市公司的经验数据 [J]. 经济科学，2006 (2)：72-82.

[87] 王跃堂，赵子夜，魏晓雁. 董事会的独立性是否影响公司绩效？[J]. 经济研究，2006 (5)：62-73.

[88] 王运通，姜付秀. 多个大股东能否降低公司债务融资成本 [J]. 世界经济，2017，40 (10)：119-143.

[89] 王甄，胡军. 控制权转让、产权性质与公司绩效 [J]. 经济研究，2016，51 (4)：146-160.

[90] 魏锋，刘星. 融资约束、不确定性对公司投资行为的影响 [J]. 经济科学，2004 (2)：35-43.

[91] 魏锋. 外部审计和现金股利的公司治理角色：替代抑或

互补 [J]. 审计研究, 2012 (4): 76 - 82.

[92] 魏志华, 吴育辉, 李常青. 家族控制、双重委托代理冲突与现金股利政策 [J]. 金融研究, 2012 (7): 168 - 180.

[93] 吴红军, 吴世农. 股权制衡、大股东掏空与企业价值 [J]. 经济管理, 2009, 3 (1): 44 - 52.

[94] 吴世飞. 股权集中与第二类代理问题研究述评 [J]. 外国经济与管理, 2016, 38 (1): 87 - 100.

[95] 肖坤, 刘永泽. 债务结构对股权代理成本的影响——来自中国上市公司的经验证据 [J]. 山西大学学报 (哲学社会科学版), 2010, 33 (4): 84 - 88.

[96] 肖坤, 秦彬. 股权结构对股权代理成本的影响——来自中国上市公司的实证检验 [J]. 经济管理, 2009, 31 (2): 57 - 62.

[97] 肖作平, 陈德胜. 公司治理结构对代理成本的影响——来自中国上市公司的经验证据 [J]. 财贸经济, 2006 (12): 29 - 35.

[98] 谢海洋, 董黎明. 债务融资结构对企业投资行为的影响 [J]. 中南财经政法大学学报, 2011 (1): 92 - 96.

[99] 谢俊, 蒋峦, 汤中文. 激励、监督与股权代理成本——基于中国企业集团的实证分析 [J]. 广东商学院学报, 2008 (4): 27 - 33.

[100] 谢盛纹, 蒋煦涵, 闫焕民. 高质量审计、管理层权力与代理成本 [J]. 当代财经, 2015 (3): 109 - 118.

[101] 徐莉萍, 辛宇, 陈工孟. 股权集中度和股权制衡及其对公司经营绩效的影响 [J]. 经济研究, 2006, 1 (1): 90 - 100.

[102] 徐倩. 不确定性、股权激励与非效率投资 [J]. 会计研究, 2014 (3): 41 - 48.

[103] 徐寿福, 徐龙炳. 现金股利政策、代理成本与公司绩效 [J]. 管理科学, 2015, 28 (1): 96 - 110.

［104］徐文学，陆希希．股权集中度与制衡度对上市公司绩效的影响——基于饮料制造业上市公司的实证检验［J］．企业经济，2014（3）：185－188．

［105］徐细雄，刘星．创始人权威、控制权配置与家族企业治理转型——基于国美电器"控制权之争"的案例研究［J］．中国工业经济，2012（2）：139－148．

［106］薛有志，彭华伟，李国栋．董事会会议的监督效应及其影响因素研究［J］．财经问题研究，2010（1）：99－105．

［107］薛有志，吴超，周杰．代理成本、信息不对称与IPO前媒体报道［J］．管理科学，2014，27（5）：80－190．

［108］燕玲．股权结构影响上市公司绩效的实证研究［J］．财经问题研究，2012（11）：71－76．

［109］杨德明，林斌，王彦超．内部控制、审计质量与代理成本［J］．财经研究，2009（12）：40－49．

［110］杨棉之，卢闯．公司治理、盈余质量与经理人代理成本［J］．财经问题研究，2011（5）：93－97．

［111］杨兴全，吴昊旻，曾义．公司治理与现金持有竞争效应——基于资本投资中介效应的实证研究［J］．中国工业经济，2015（1）：121－133．

［112］叶康涛，陆正飞，张志华．独立董事能否抑制大股东的"掏空"？［J］．经济研究，2007（4）：101－111．

［113］叶勇，胡培，黄登仕．中国上市公司终极控制权及其与东亚、西欧上市公司的比较分析［J］．南开管理评论，2005，8（3）：25－31．

［114］易颜新，柯大钢，张晓．股利政策的股东财富效应：来自中国股市的经验证据［J］．南开管理评论，2006，9（2）：4－10．

［115］余玉苗，王宇生．法律制度变迁、审计师选择与企业

价值——基于实际控制人掏空行为视角的实证研究 [J]. 经济评论，2012 (3)：135 - 144.

[116] 曾建光，伍利娜，谌家兰，等. XBRL、代理成本与绩效水平——基于中国开放式基金市场的证据 [J]. 会计研究，2013 (11)：88 - 94.

[117] 曾颖，叶康涛. 股权结构　代理成本与外部审计需求 [J]. 会计研究，2005 (10)：63 - 70.

[118] 詹雷，王瑶瑶. 管理层激励、过度投资与企业价值 [J]. 南开管理评论，2013，16 (3)：36 - 46.

[119] 张琛，刘银国. 会计稳健性与自由现金流的代理成本：基于公司投资行为的考察 [J]. 管理工程学报，2015 (1)：98 - 105.

[120] 张光荣，曾勇，邓建平. 大股东治理及股东之间的代理问题研究综述 [J]. 管理学报，2007，4 (3)：363.

[121] 张光荣，曾勇. 大股东的支撑行为与隧道行为——基于托普软件的案例研究 [J]. 管理世界，2006 (8)：126 - 135.

[122] 张红军. 中国上市公司股权结构与公司绩效的理论及实证分析 [J]. 经济科学，2000 (4)：34 - 44.

[123] 张洪辉. 市场竞争下的非效率投资与公司绩效：来自中国上市公司的经验证据 [J]. 系统工程，2014 (5)：9 - 18.

[124] 张维迎. 产权安排与企业内部的权力斗争 [J]. 经济研究，2000 (6)：41 - 50.

[125] 张兆国，何威风，闫炳乾. 资本结构与代理成本——来自中国国有控股上市公司和民营上市公司的经验证据 [J]. 南开管理评论，2008 (1)：39 - 47.

[126] 赵景文，于增彪. 股权制衡与公司经营业绩 [J]. 会计研究，2005 (12)：59 - 64.

[127] 郑国坚，林东杰，林斌. 大股东股权质押、占款与企

业价值 [J]. 管理科学学报, 2014, 17 (9): 72 - 87.

[128] 郑红亮. 公司治理理论与中国国有企业改革 [J]. 经济研究, 1998 (10): 20 - 27.

[129] 郑志刚, 吕秀华. 董事会独立性的交互效应和中国资本市场独立董事制度政策效果的评估 [J]. 管理世界, 2009 (7): 133 - 144.

[130] 郑志刚. 投资者之间的利益冲突和公司治理机制的整合 [J]. 经济研究, 2004 (2): 115 - 125.

[131] 周嘉南, 雷霆. 股权激励影响上市公司权益资本成本了吗? [J]. 管理评论, 2014, 26 (3): 39 - 52.

[132] 周军, 张蕾. 不同产权性质下外部治理效应研究——基于审计质量的视角 [J]. 中南财经政法大学学报, 2012 (6): 125 - 130.

[133] 周霞. 对代理成本的减少相关问题的探讨 [J]. 财经理论与实践, 2001 (114): 113 - 114.

[134] 周中胜. 管理层薪酬、现金流与代理成本 [J]. 上海经济研究, 2008 (4): 73 - 83.

[135] 朱茶芬, 陈超, 李志文. 信息优势、波动风险与大股东的选择性减持行为 [J]. 浙江大学学报 (人文社会科学版), 2009, 40 (2): 164 - 173

[136] 朱红军, 汪辉. "股权制衡" 可以改善公司治理吗?——宏智科技股份有限公司控制权之争的案例研究 [J]. 管理世界, 2004 (10): 114 - 123.

[137] 朱武祥, 宋勇. 股权结构与企业价值 [J]. 经济研究, 2001, 12 (7): 66 - 72.

[138] 祝继高, 王春飞. 大股东能有效控制管理层吗?——基于国美电器控制权争夺的案例研究 [J]. 管理世界, 2012

(4): 138 – 152, 158.

[139] Adams R B, Hermalin B E, Weisbach M S. The role of boards of directors in corporate governance: A conceptual framework and survey [J]. Journal of economic literature, 2010, 48 (1): 58 – 107.

[140] Aggarwal R K, Samwick A A. Empire-builders and shirkers: Investment, firm performance, and managerial incentives [J]. Journal of corporate finance, 2006, 12 (3): 489 – 515.

[141] Agrawal A, Knoeber C R. Firm performance and mechanisms to control agency problems between managers and shareholders [J]. Journal of financial and quantitative analysis, 1996, 31 (3): 377 – 397.

[142] Allen F, Qian J, Qian M. Law, finance, and economic growth in China [J]. Journal of financial economics, 2005, 77 (1): 57 – 116.

[143] Almeida H V, Wolfenzon D. A theory of pyramidal ownership and family business groups [J]. The journal of finance, 2006, 61 (6): 2637 – 2680.

[144] Aluchna M, Kaminski B. Ownership structure and company performance: A panel study from Poland [J]. Baltic journal of management, 2017, 12 (4): 485 – 502.

[145] Anderson R C, Reeb D M. Board composition: Balancing family influence in S&P 500 firms [J]. Administrative science quarterly, 2004, 49 (2): 209 – 237.

[146] Anderson R C, Reeb D M. Founding-family ownership and firm performance: Evidence from the S&P 500 [J]. The journal of finance, 2003, 58 (3): 1301 – 1328.

[147] Ang J S, Cole R A, Lin J W. Agency costs and ownership

structure [J]. The journal of finance, 2000, 55 (1): 81 –106.

[148] Armstrong C S, Core J E, Guay W R. Do independent directors cause improvements in firm transparency? [J]. Journal of financial economics, 2014, 113 (3): 383 –403.

[149] Ashbaugh H, Warfield T D. Audits as a corporate governance mechanism: Evidence from the German market [J]. Journal of international accounting research, 2003, 2 (1): 1 –21.

[150] Asker J, Farre-Mensa J, Ljungqvist A. Corporate investment and stock market listing: A puzzle? [J]. The review of financial studies, 2014, 28 (2): 342 –390.

[151] Attig N, El Ghoul S, Guedhami O, et al. The governance role of multiple large shareholders: Evidence from the valuation of cash holdings [J]. Journal of management and governance, 2013, 17 (2): 419 –451.

[152] Attig N, El Ghoul S, Guedhami O. Do multiple large shareholders play a corporate governance role? Evidence from East Asia [J]. Journal of financial research, 2009, 32 (4): 395 –422.

[153] Attig N, Guedhami O, Mishra D. Multiple large shareholders, control contests, and implied cost of equity [J]. Journal of corporate finance, 2008, 14 (5): 721 –737.

[154] Bae K H, Baek J S, Kang J K, et al. Do controlling shareholders' expropriation incentives imply a link between corporate governance and firm value? Theory and evidence [J]. Journal of financial Economics, 2012, 105 (2): 412 –435.

[155] Balsam S, Krishnan J, Yang J S. Auditor industry specialization and earnings quality [J]. Auditing: A journal of practice and theory, 2003, 22 (2): 71 –97.

[156] Barnhart S W, Rosenstein S. Board composition, managerial ownership, and firm performance: An empirical analysis [J]. Financial review, 1998, 33 (4): 1 – 16.

[157] Baron R M, Kenny D A. The moderator – mediator variable distinction in social psychological research: Conceptual, strategic, and statistical considerations [J]. Journal of personality and social psychology, 1986, 51 (6): 1173.

[158] Barroso Casado R, Burkert M, Dávila A, et al. Shareholder protection: The role of multiple Large shareholders [J]. Corporate governance: An international review, 2016, 24 (2): 105 – 129.

[159] Basu N, Paeglis I, Rahnamaei M. Multiple blockholders, power, and firm value [J]. Journal of banking and finance, 2016 (66): 66 – 78.

[160] Bates T W. Asset sales, investment opportunities, and the use of proceeds [J]. The journal of finance, 2005, 60 (1): 105 – 135.

[161] Bebchuk L A, Fried J M, Walker D I. Managerial power and rent extraction in the design of executive compensation [R]. National bureau of economic research, 2002.

[162] Bebchuk L A, Fried J M. Executive compensation as an agency problem [J]. Journal of economic perspectives, 2003, 17 (3): 71 – 92.

[163] Bebchuk L A, Kraakman R, Triantis G. Stock pyramids, cross-ownership, and dual class equity: The mechanisms and agency costs of separating control from cash-flow rights [M]. Concentrated corporate ownership. University of Chicago Press, 2000: 295 – 318.

[164] Bebchuk L, Cohen A, Ferrell A. What matters in corpo-

rate governance? [J]. The review of financial studies, 2008, 22 (2): 783 – 827.

[165] Beiner S, Drobetz W, Schmid M M, et al. An integrated framework of corporate governance and firm valuation [J]. European financial management, 2006, 12 (2): 249 – 283.

[166] Bena J, Ortiz-Molina H. Pyramidal ownership and the creation of new firms [J]. Journal of financial economics, 2013, 108 (3): 798 – 821.

[167] Ben-Nasr H, Boubaker S, Rouatbi W. Ownership structure, control contestability, and corporate debt maturity [J]. Journal of corporate finance, 2015 (35): 265 – 285.

[168] Bennedsen M, Wolfenzon D. The balance of power in closely held corporations [J]. Journal of financial economics, 2000, 58 (1 – 2): 113 – 139.

[169] Berger P G, Ofek E, Yermack D L. Managerial entrenchment and capital structure decisions [J]. The journal of finance, 1997, 52 (4): 1411 – 1438.

[170] Berle A, and Means G. The modern corporation and private property [M]. New York: Macmillan, 1932.

[171] Berry T K, Fields L P, Wilkins M S. The interaction among multiple governance mechanisms in young newly public firms [J]. Journal of corporate finance, 2006, 12 (3): 449 – 466.

[172] Bhagat S, Bolton B. Corporate governance and firm performance [J]. Journal of corporate finance, 2008, 14 (3): 257 – 273.

[173] Biddle G C, Hilary G, Verdi R S. How does financial reporting quality relate to investment efficiency? [J]. Journal of accounting and economics, 2009, 48 (2 – 3): 112 – 131.

［174］ Boateng A, Huang W. Multiple large shareholders, excess leverage and tunneling: Evidence from an emerging market ［J］. Corporate governance: An international review, 2017, 25 （1）: 58 – 74.

［175］ Boubaker S, Derouiche I, Nguyen D K. Does the board of directors affect cash holdings? A study of French listed firms ［J］. Journal of management and governance, 2015, 19 （2）: 341 – 370.

［176］ Boubaker S, Sami H. Multiple large shareholders and earnings informativeness ［J］. Review of accounting and finance, 2011, 10 （3）: 246 – 266.

［177］ Brickley J A, Coles J L, Terry R L. Outside directors and the adoption of poison pills ［J］. Journal of financial economics, 1994, 35 （3）: 371 – 390.

［178］ Buchuk D, Larrain B, Muñoz F, et al. The internal capital markets of business groups: Evidence from intra-group loans ［J］. Journal of financial economics, 2014, 112 （2）: 190 – 212.

［179］ Burkart M, Panunzi F, Shleifer A. Family firms ［J］. The journal of finance, 2003, 58 （5）: 2167 – 2201.

［180］ Bushman R M, Smith A J. Transparency, financial accounting information, and corporate governance ［J］. Economic policy review, 2003, 9 （1）: 65 – 87.

［181］ Bushman R, Chen Q, Engel E, et al. Financial accounting information, organizational complexity and corporate governance systems ［J］. Journal of accounting and economics, 2004, 37 （2）: 167 – 201.

［182］ Byun H, Kim T H. Principal-principal agency problem and shareholder activism ［C］. Academy of management proceedings. Briarcliff Manor, NY 10510: Academy of management, 2013, 2013 （1）: 14840.

［183］ Cai C X, Hillier D, Wang J. The cost of multiple large shareholders [J]. Financial management, 2016, 45 (2): 401 –430.

[184] Cai D, Luo J, Wan D. Family CEOs: Do they benefit firm performance in China? [J]. Asia Pacific journal of management, 2012, 29 (4): 923 –947.

[185] Chakraborty I, Chhaochharia V, Cavazos G P, et al. Agency costs of free cash flow [J]. Available at SSRN, 2016.

[186] Chang Y K, Chou R K, Huang T H. Corporate governance and the dynamics of capital structure: New evidence [J]. Journal of banking and finance, 2014 (48): 374 –385.

[187] Chen G, Firth M, Xu L. Does the type of ownership control matter? Evidence from China's listed companies [J]. Journal of banking and finance, 2009, 33 (1): 171 –181.

[188] Chen J. Ownership structure as corporate governance mechanism: Evidence from Chinese listed companies [J]. Economics of planning, 2001, 34 (1 –2): 53 –72.

[189] Chen S, Sun Z, Tang S, et al. Government intervention and investment efficiency: Evidence from China [J]. Journal of corporate finance, 2011, 17 (2): 259 –271.

[190] Chen V Z, Li J, Shapiro D M. Are OECD-prescribed "good corporate governance practices" really good in an emerging economy? [J]. Asia Pacific journal of management, 2011, 28 (1): 115 –138.

[191] Cheng M, Lin B, Wei M. How does the relationship between multiple large shareholders affect corporate valuations? Evidence from China [J]. Journal of economics and business, 2013, 70: 43 –70.

[192] Cho M H. Ownership structure, investment, and the corporate value: An empirical analysis [J]. Journal of financial econom-

ics, 1998, 47 (1): 103 – 121.

[193] Choi J H, Wong T J. Auditors' governance functions and legal environments: An international investigation [J]. Contemporary accounting research, 2007, 24 (1): 13 – 46.

[194] Chu J. Agency cost under the restriction of free cash flow [J]. Journal of service science and management, 2011, 4 (1): 79.

[195] Claessens S, Djankov S, Fan J P H, et al. Disentangling the incentive and entrenchment effects of large shareholdings [J]. The journal of finance, 2002, 57 (6): 2741 – 2771.

[196] Claessens S, Djankov S, Lang L H P. The separation of ownership and control in East Asian corporations [J]. Journal of financial economics, 2000, 58 (1 – 2): 81 – 112.

[197] Claessens S, Fan J P H. Corporate governance in Asia: A survey [J]. International review of finance, 2002, 3 (2): 71 – 103.

[198] Claessens S, Yurtoglu B B. Corporate governance in emerging markets: A survey [J]. Emerging markets review, 2013 (15): 1 – 33.

[199] Conger J A, Finegold D, Lawler E E. Appraising boardroom performance [J]. Harvard business review, 1998 (76): 136 – 164.

[200] Conyon M J, He L. Executive compensation and corporate governance in China [J]. Journal of corporate finance, 2011, 17 (4): 1158 – 1175.

[201] Core J, Guay W. The use of equity grants to manage optimal equity incentive levels [J]. Journal of accounting and economics, 1999, 28 (2): 151 – 184.

[202] Cui H, Mak Y T. The relationship between managerial ownership and firm performance in high R&D firms [J]. Journal of

corporate finance, 2002, 8 (4): 313 –336.

[203] Dalton D R, Daily C M, Johnson J L, et al. Number of directors and financial performance: A meta-analysis [J]. Academy of management journal, 1999, 42 (6): 674 –686.

[204] Dalton D R, Hitt M A, Certo S T, et al. The fundamental agency problem and its mitigation: Independence, equity, and the market for corporate control [J]. The academy of management annals, 2007, 1 (1): 1 –64.

[205] Demsetz H, Lehn K. The structure of corporate ownership: Causes and consequences [J]. Journal of political economy, 1985, 93 (6): 1155 –1177.

[206] Demsetz H. The structure of ownership and the theory of the firm [J]. The journal of law and economics, 1983, 26 (2): 375 – 390.

[207] Dharwadkar B, George G, Brandes P. Privatization in emerging economies: An agency theory perspective [J]. Academy of management review, 2000, 25 (3): 650 –669.

[208] Dhillon A, Rossetto S. Ownership structure, voting, and risk [J]. Review of financial studies, 2014, 28 (2): 521 –560.

[209] Ding Y, Zhang H, Zhang J. Private vs state ownership and earnings management: Evidence from Chinese listed companies [J]. Corporate governance: An international review, 2007, 15 (2): 223 – 238.

[210] Dong Z, Wang C, Xie F. Do executive stock options induce excessive risk taking? [J]. Journal of banking and finance, 2010, 34 (10): 2518 –2529.

[211] Dou Y, Hope O, Thomas W B, et al. Blockholder exit threats

and financial reporting quality [J]. Contemporary accounting research, 2018, 35 (2): 1004 - 1028.

[212] Dunn K A, Mayhew B W. Audit firm industry specialization and client disclosure quality [J]. Review of accounting studies, 2004, 9 (1): 35 - 58.

[213] Dyck A, Volchkova N, Zingales L. The corporate governance role of the media: Evidence from Russia [J]. The journal of finance, 2008, 63 (3): 1093 - 1135.

[214] Dyck A, Zingales L. Control premiums and the effectiveness of corporate governance systems [J]. Journal of applied corporate finance, 2004, 16 (2 - 3): 51 - 72.

[215] Dyck A, Zingales L. Private benefits of control: An international comparison [J]. The journal of finance, 2004, 59 (2): 537 - 600.

[216] Edmans A, Manso G. Governance through trading and intervention: A theory of multiple blockholders [J]. The review of financial studies, 2010, 24 (7): 2395 - 2428.

[217] Edmans A. Blockholders and corporate governance [J]. Annual review of financial economics, 2014 (6): 23 - 50.

[218] Eisenberg T, Sundgren S, Wells M T. Larger board size and decreasing firm value in small firms1 [J]. Journal of financial economics, 1998, 48 (1): 35 - 54.

[219] Faccio M, Lang L H P, Young L. Dividends and expropriation [J]. American economic review, 2001, 91 (1): 54 - 78.

[220] Faccio M, Lang L H P. The ultimate ownership of Western European corporations [J]. Journal of financial economics, 2002, 65 (3): 365 - 395.

［221］Faccio M, Marchica M T, Mura R. Large shareholder diversification and corporate risk-taking ［J］. The review of financial studies, 2011, 24 (11): 3601 - 3641.

［222］Fama E F, Jensen M C. Separation of ownership and control ［J］. The journal of law and economics, 1983, 26 (2): 301 - 325.

［223］Fan J P H, Wong T J, Zhang T. Politically connected CEOs, corporate governance, and Post-IPO performance of China's newly partially privatized firms ［J］. Journal of financial economics, 2007, 84 (2): 330 - 357.

［224］Fan J P H, Wong T J. Do external auditors perform a corporate governance role in emerging markets? Evidence from East Asia ［J］. Journal of accounting research, 2005, 43 (1): 35 - 72.

［225］Fan J, Wong T J, Zhang T. The emergence of corporate pyramids in China ［J］. Working paper. Hong Kong, China: The Chinese University of Hong Kong, 2005.

［226］Ferreira D, Ferreira M A, Raposo C C. Board structure and price informativeness ［J］. Journal of financial economics, 2011, 99 (3): 523 - 545.

［227］Fields M A, Keys P Y. The emergence of corporate governance from Wall St. to Main St. : Outside directors, board diversity, earnings management, and managerial incentives to bear risk ［J］. Financial review, 2003, 38 (1): 1 - 24.

［228］Fleming G, Heaney R, McCosker R. Agency costs and ownership structure in Australia ［J］. Pacific-Basin finance journal, 2005, 13 (1): 29 - 52.

［229］Friedman E, Johnson S, Mitton T. Propping and tunneling ［J］. Journal of comparative economics, 2003, 31 (4): 732 - 750.

［230］Fu F. Overinvestment and the operating performance of SEO firms ［J］. Financial management, 2010, 39（1）: 249 –272.

［231］Goh C F, Rasli A. CEO duality, board independence, corporate governance and firm performance in family firms: Evidence from the manufacturing industry in Malaysia ［J］. Asian business and management, 2014, 13（4）: 333 –357.

［232］Gomes A R, Novaes W. Sharing of control as a corporate governance mechanism ［M］. Mimeo, University of Pennsylvania, 2005.

［233］Gomes A, Novaes W. Sharing of control as a corporate governance ［R］. University of Pennsylvania Center for Analytic Research in Economics and Social Science, Philadelphia, 2001.

［234］Gompers P, Ishii J, Metrick A. Corporate governance and equity prices ［J］. The quarterly journal of economics, 2003, 118（1）: 107 –156.

［235］Griffith J M, Fogelberg L, Weeks H S. CEO ownership, corporate control, and bank performance ［J］. Journal of economics and finance, 2002, 26（2）: 170 –183.

［236］Grullon G, Michaely R. Corporate payout policy and product market competition ［C］. AFA 2008 New Orleans meetings paper, 2007.

［237］Guay W R. The sensitivity of CEO wealth to equity risk: An analysis of the magnitude and determinants ［J］. Journal of financial economics, 1999, 53（1）: 43 –71.

［238］Guedhami O, Mishra D. Excess control, corporate governance and implied cost of equity: International evidence ［J］. Financial review, 2009, 44（4）: 489 –524.

［239］Gul F A. Free cash flow, debt-monitoring and managers' LIFO/FIFO policy choice ［J］. Journal of corporate finance, 2001, 7

(4): 475 –492.

[240] Gutiérrez L H, Pombo C. Corporate ownership and control contestability in emerging markets: The case of Colombia [J]. Journal of economics and business, 2009, 61 (2): 112 – 139.

[241] Hansen B E. Threshold effects in non-dynamic panels: Estimation, testing, and inference [J]. Journal of econometrics, 1999, 93 (2): 345 – 368.

[242] Hart O D. The market mechanism as an incentive scheme [J]. The Bell journal of economics, 1983: 366 – 382.

[243] Hart O. Corporate governance: Some theory and implications [J]. The economic journal, 1995, 105 (430): 678 – 689.

[244] Hartzell J C, Starks L T. Institutional investors and executive compensation [J]. The journal of finance, 2003, 58 (6): 2351 – 2374.

[245] Harvey C R, Lins K V, Roper A H. The effect of capital structure when expected agency costs are extreme [J]. Journal of financial economics, 2004, 74 (1): 3 – 30.

[246] Hermalin B E, Weisbach M S. Boards of directors as an endogenously determined institution: A survey of the economic literature [R]. National bureau of economic research, 2001.

[247] Hillman A J, Dalziel T. Boards of directors and firm performance: Integrating agency and resource dependence perspectives [J]. Academy of management review, 2003, 28 (3): 383 – 396.

[248] Hope O K, Wu H, Zhao W. Blockholder exit threats in the presence of private benefits of control [J]. Review of accounting studies, 2017, 22 (2): 873 – 902.

[249] Hoskisson R E, Eden L, Lau C M, et al. Strategy in emerging economies [J]. Academy of management journal, 2000, 43

（3）：249 – 267.

［250］Hu H W, Tam O K, Tan M G S. Internal governance mechanisms and firm performance in China ［J］. Asia Pacific journal of management, 2010, 27（4）：727 – 749.

［251］Isakov D, Weisskopf J P. Family ownership, multiple blockholders and firm performance ［J］. Finance international meeting AFFI-EUROFIDAI, 2009.

［252］Jameson M, Prevost A, Puthenpurackal J. Controlling shareholders, board structure, and firm performance：Evidence from India ［J］. Journal of corporate finance, 2014（27）：1 – 20.

［253］Jensen M C, Meckling W H. Theory of the firm：Managerial behavior, agency costs and ownership structure ［J］. Journal of financial economics, 1976, 3（4）：305 – 360.

［254］Jensen M C, Murphy K J. Performance pay and top-management incentives ［J］. Journal of political economy, 1990, 98（2）：225 – 264.

［255］Jensen M C. Agency costs of free cash flow, corporate finance, and takeovers ［J］. The American economic review, 1986, 76（2）：323 – 329.

［256］Jensen M C. The modern industrial revolution, exit, and the failure of internal control systems ［J］. The journal of finance, 1993, 48（3）：831 – 880.

［257］Jiang F, Cai W, Wang X, et al. Multiple large shareholders and corporate investment：Evidence from China ［J］. Journal of corporate finance, 2018（50）：66 – 83.

［258］Jiang F. Kim K A. Corporate governance in china：A modern perspective ［J］. Journal of corporate finance, 2015（32）：190 – 216.

[259] Jiang G, Lee C M C, Yue H. Tunneling through intercorporate loans: The China experience [J]. Journal of financial economics, 2010, 98 (1): 1 –20.

[260] Jiang Y, Peng M W. Principal-principal conflicts during crisis [J]. Asia Pacific journal of management, 2011, 28 (4): 683 –695.

[261] Joe J R, Louis H, Robinson D. Managers' and investors' responses to media exposure of board ineffectiveness [J]. Journal of financial and quantitative analysis, 2009, 44 (3): 579 –605.

[262] Johnson S, Boone P, Breach A, et al. Corporate governance in the Asian financial crisis [J]. Journal of financial economics, 2000, 58 (1 –2): 141 –186.

[263] Johnson S, La Porta R, Lopez-de-Silanes F, et al. Tunneling [J]. American economic review, 2000, 90 (2): 22 –27.

[264] Jung K, Kwon S Y. Ownership structure and earnings informativeness: Evidence from Korea [J]. The international journal of accounting, 2002, 37 (3): 301 –325.

[265] Kalcheva I, Lins K V. International evidence on cash holdings and expected managerial agency problems [J]. The review of financial studies, 2007, 20 (4): 1087 –1112.

[266] Kanatas G, Qi J. Compensation, Debt, and Investment [J]. Available at SSRN, 2005.

[267] Kang J K, Luo J, Na H S. Are institutional investors with multiple blockholdings effective monitors? [J]. Journal of financial economics, 2018, 128 (3): 576 –602.

[268] Kaplan S N, Zingales L. Do investment-cash flow sensitivities provide useful measures of financing constraints? [J]. The quarterly journal of economics, 1997, 112 (1): 169 –215.

［269］ Kim K A, Kitsabunnarat-Chatjuthamard P, Nofsinger J R. Large shareholders, board independence, and minority shareholder rights: Evidence from Europe ［J］. Journal of corporate finance, 2007, 13 (5): 859 – 880.

［270］ Konijn S J J, Kräussl R, Lucas A. Blockholder dispersion and firm value ［J］. Journal of corporate finance, 2011, 17 (5): 1330 – 1339.

［271］ Kumar P, Zattoni A. Large shareholders and corporate governance outside the United States and United Kingdom ［J］. Corporate governance, 2014, 22 (4): 294 – 295.

［272］ La Porta R, Lopez-de-Silanes F, Shleifer A. Corporate ownership around the world ［J］. The journal of finance, 1999, 54 (2): 471 – 517.

［273］ Laeven L, Levine R. Complex ownership structures and corporate valuations ［J］. The review of financial studies, 2007, 21 (2): 579 – 604.

［274］ Lemmon M L, Lins K V. Ownership structure, corporate governance, and firm value: Evidence from the East Asian financial crisis ［J］. The journal of finance, 2003, 58 (4): 1445 – 1468.

［275］ Li K, Lu L, Mittoo U R, et al. Board independence, ownership concentration and corporate performance—Chinese evidence ［J］. International review of financial analysis, 2015 (41): 162 – 175.

［276］ Lin T J, Tsai H F, Imamah N, et al. Does the identity of multiple large shareholders affect the value of excess cash? Evidence from China ［J］. Pacific-Basin finance journal, 2016 (40): 173 – 190.

［277］ Lins K V, Volpin P, Wagner H F. Does family control matter? International evidence from the 2008 –2009 financial crisis ［J］.

The review of financial studies, 2013, 26 (10): 2583 - 2619.

[278] Lins K V. Equity ownership and firm value in emerging markets [J]. Journal of financial and quantitative analysis, 2003, 38 (1): 159 - 184.

[279] Lipton M, Lorsch J W. A modest proposal for improved corporate governance [J]. The business lawyer, 1992, 48 (1): 59 - 77.

[280] Liu H, Lu Y, Song L. Tunneling of large shareholders: Co-monitoring or competitive colluding? [J]. China accounting review, 2009, 7 (1): 97 - 112.

[281] Liu Y, Miletkov M K, Wei Z, et al. Board independence and firm performance in China [J]. Journal of corporate finance, 2015 (30): 223 - 244.

[282] Luo J, Wan D, Cai D, et al. Multiple large shareholder structure and governance: The role of shareholder numbers, contest for control, and formal institutions in Chinese family firms [J]. Management and organization review, 2013, 9 (2): 265 - 294.

[283] Luo J, Wan D, Cai D. The private benefits of control in Chinese listed firms: Do cash flow rights always reduce controlling shareholders' tunneling? [J]. Asia Pacific journal of management, 2012, 29 (2): 499 - 518.

[284] Lyandres E. Costly external financing, investment timing, and investment-cash flow sensitivity [J]. Journal of corporate finance, 2007, 13 (5): 959 - 980.

[285] Mak Y T, Li Y. Determinants of corporate ownership and board structure: Evidence from Singapore [J]. Journal of corporate finance, 2001, 7 (3): 235 - 256.

[286] Marginson D, McAulay L. Exploring the debate on short-

termism: A theoretical and empirical analysis [J]. Strategic management journal, 2008, 29 (3): 273 – 292.

[287] Maug E. Large shareholders as monitors: Is there a trade-off between liquidity and control? [J]. The journal of finance, 1998, 53 (1): 65 – 98.

[288] Maury B, Pajuste A. Multiple large shareholders and firm value [J]. Journal of banking and finance, 2005, 29 (7): 1813 – 1834.

[289] McConnell J J, Servaes H. Additional evidence on equity ownership and corporate value [J]. Journal of financial economics, 1990, 27 (2): 595 – 612.

[290] McKnight P J, Weir C. Agency costs, corporate governance mechanisms and ownership structure in large UK publicly quoted companies: A panel data analysis [J]. The quarterly review of economics and finance, 2009, 49 (2): 139 – 158.

[291] Mi Z, Wang X. Agency cost and the crisis of China's SOE [J]. China economic review, 2000, 11 (3): 297 – 317.

[292] Mikkelson W H. Convertible calls and security returns [J]. Journal of financial economics, 1981, 9 (3): 237 – 264.

[293] Mishra D R. Multiple large shareholders and corporate risk taking: Evidence from East Asia [J]. Corporate governance: An international review, 2011, 19 (6): 507 – 528.

[294] Modigliani F, Miller M H. The cost of capital, corporation finance and the theory of investment [J]. The American economic review, 1958, 48 (3): 261 – 297.

[295] Morck R, Shleifer A, Vishny R W. Management ownership and market valuation: An empirical analysis [J]. Journal of fi-

nancial economics, 1988, 20 (1 – 2): 293 – 315.

[296] Morck R, Wolfenzon D, Yeung B. Corporate governance, economic entrenchment, and growth [J]. Journal of economic literature, 2005, 43 (3): 655 – 720.

[297] Morellec E. Can managerial discretion explain observed leverage ratios? [J]. The review of financial studies, 2004, 17 (1): 257 – 294.

[298] Morgan A G, Poulsen A B. Linking pay to performance— Compensation proposals in the S&P 500 [J]. Journal of financial economics, 2001, 62 (3): 489 – 523.

[299] Murphy K J. Corporate performance and managerial remuneration: An empirical analysis [J]. Journal of accounting and economics, 1985, 7 (1 – 3): 11 – 42.

[300] Myers S C. Determinants of corporate borrowing [J]. Journal of financial economics, 1977, 5 (2): 147 – 175.

[301] Mykhayliv D, Zauner K G. The impact of equity ownership groups on investment: Evidence from Ukraine [J]. Economic modelling, 2017 (64): 20 – 25.

[302] Nagar V, Petroni K, Wolfenzon D. Ownership structure and firm performance in closely-held corporations [J]. Ann arbor, MI: University of Michigan Business School, 2000.

[303] Nguyen P, Rahman N, Zhao R. Ownership structure and divestiture decisions: Evidence from Australian firms [J]. International review of financial analysis, 2013 (30): 170 – 181.

[304] Pagano M, Röell A. The choice of stock ownership structure: Agency costs, monitoring, and the decision to go public [J]. The quarterly gournal of economics, 1998, 113 (1): 187 – 225.

[305] Peasnell K V, Pope P F, Young S. Board monitoring and earnings management: Do outside directors influence abnormal accruals? [J]. Journal of business finance and accounting, 2005, 32 (7 - 8): 1311 - 1346.

[306] Peng M W, Jiang Y. Institutions behind family ownership and control in large firms [J]. Journal of management studies, 2010, 47 (2): 253 - 273.

[307] Peng M W. Outside directors and firm performance during institutional transitions [J]. Strategic management journal, 2004, 25 (5): 453 - 471.

[308] Peng W Q, Wei K C J, Yang Z. Tunneling or propping: Evidence from connected transactions in China [J]. Journal of corporate finance, 2011, 17 (2): 306 - 325.

[309] Petersen M A. Estimating standard errors in finance panel data sets: Comparing approaches [J]. The review of financial studies, 2009, 22 (1): 435 - 480.

[310] Qian M, Yeung B Y. Bank financing and corporate governance [J]. Journal of corporate finance, 2015 (32): 258 - 270.

[311] Rediker K J, Seth A. Boards of directors and substitution effects of alternative governance mechanisms [J]. Strategic management journal, 1995, 16 (2): 85 - 99.

[312] Richardson S. Over - investment of free cash flow [J]. Review of accounting studies, 2006, 11 (2 - 3): 159 - 189.

[313] Roth K, O'donnell S. Foreign subsidiary compensation strategy: An agency theory perspective [J]. Academy of management journal, 1996, 39 (3): 678 - 703.

[314] Shleifer A, Vishny R W. A survey of corporate governance

[J]. The journal of finance, 1997, 52 (2): 737 –783.

[315] Shleifer A, Vishny R W. Large shareholders and corporate control [J]. Journal of political economy, 1986, 94 (3, Part 1): 461 –488.

[316] Shleifer A, Wolfenzon D. Investor protection and equity markets [J]. Journal of financial economics, 2002, 66 (1): 3 –27.

[317] Short H, Keasey K. Managerial ownership and the performance of firms: Evidence from the UK [J]. Journal of corporate finance, 1999, 5 (1): 79 – 101.

[318] Strong J S, Meyer J R. Sustaining investment, discretionary investment, and valuation: A residual funds study of the paper industry [M]. Asymmetric information, corporate finance, and investment. University of Chicago Press, 1990: 127 – 148.

[319] Stulz R M. Managerial control of voting rights: Financing policies and the market for corporate control [J]. Journal of financial economics, 1988, 20 (1): 25 –54.

[320] Stulz R M. Managerial discretion and optimal financing policies [J]. Journal of financial economics, 1990, 26 (1): 3 –27.

[321] Su Y, Xu D, Phan P H. Principal-principal conflict in the governance of the Chinese public corporation [J]. Management and organization review, 2008, 4 (1): 17 –38.

[322] Sun Q, Tong W H S. China share issue privatization: The extent of its success [J]. Journal of financial economics, 2003, 70 (2): 183 –222.

[323] Tribo J A, Berrone P, Surroca J. Do the type and number of blockholders influence R&D investments? New evidence from Spain [J]. Corporate governance: An international review, 2007, 15 (5):

828 – 842.

[324] Utami S R, Inanga E L. Agency costs of free cash flow, dividend policy, and leverage of firms in Indonesia [J]. European journal of economics, finance and administrative sciences, 2011, 33 (6): 7 –24.

[325] Villalonga B, Amit R. How do family ownership, control and management affect firm value? [J]. Journal of financial economics, 2006, 80 (2): 385 –417.

[326] Volpin P F. Governance with poor investor protection: Evidence from top executive turnover in Italy [J]. Journal of financial economics, 2002, 64 (1): 61 –90.

[327] Watts R L, Zimmerman J L. Agency problems, auditing, and the theory of the firm: Some evidence [J]. The journal of law and economics, 1983, 26 (3): 613 –633.

[328] Wei Z, Varela O. State equity ownership and firm market performance: Evidence from China's newly privatized firms [J]. Global finance journal, 2003, 14 (1): 65 –82.

[329] Wintoki M B, Linck J S, Netter J M. Endogeneity and the dynamics of internal corporate governance [J]. Journal of financial economics, 2012, 105 (3): 581 –606.

[330] Yan C, He H. Non-controlling large shareholders and firm performance in China [J]. Asia-Pacific journal of financial studies, 2018, 47 (3): 401 –425.

[331] Yeh Y H. Do controlling shareholders enhance corporate value? [J]. Corporate governance: An international review, 2005, 13 (2): 313 –325.

[332] Yermack D. Higher market valuation of companies with a

small board of directors [J]. Journal of financial economics, 1996, 40 (2): 185 –211.

[333] Yermack D. Remuneration, retention, and reputation incentives for outside directors [J]. The journal of finance, 2004, 59 (5): 2281 –2308.

[334] Yoshikawa T, Phan P H, David P. The impact of ownership structure on wage intensity in Japanese corporations [J]. Journal of management, 2005, 31 (2): 278 –300.

[335] Young M N, Peng M W, Ahlstrom D, et al. Corporate governance in emerging economies: A review of the principal-principal perspective [J]. Journal of management studies, 2008, 45 (1): 196 –220.

[336] Zata Poutziouris P. The views of family companies on venture capital: Empirical evidence from the UK small to medium-size enterprising economy [J]. Family business review, 2001, 14 (3): 277 –291.

[337] Zhang M, Gao S, Guan X, et al. Controlling shareholder-manager collusion and tunneling: Evidence from China [J]. Corporate governance: An international review, 2014, 22 (6): 440 –459.

[338] Zhang Y. Are debt and incentive compensation substitutes in controlling the free cash flow agency problem? [J]. Financial management, 2009, 38 (3): 507 –541.

[339] Zwiebel J. Block investment and partial benefits of corporate control [J]. The review of economic studies, 1995, 62 (2): 161 –185.

后　记

岁月不居，时节如流，恍然间，负笈星城已历八载有余。回首八年来，心间五味杂陈，途中的欢笑与汗水、坦途与曲折仍历历在目，我的每一次成长与进步无不凝聚着大家的支持和关爱。

首先诚挚感谢我的恩师何红渠教授和师母贺雪迎老师。恩师不仅教会我如何做好学问，更重要的是教会我如何做人，"阳光做人、快乐做事"的嘱托时时萦绕心间。五年间，恩师与我之间每一次亦师亦友的沟通和交流，不仅让我感受到老师渊博的知识和严谨的治学态度，更让我领悟到老师豁达的人格魅力，这些都将使我终身受益。师母为人随和，待人热情，多年来默默关心着我的生活和学习，这让我感受到家的温暖。师恩似海，我将铭记终生。

感谢商学院各位教授的殷切指导。从论文的选题立意、谋篇布局到行文达意，无不凝聚着老师们辛勤的指导和亲切的鼓励。感谢各位教授对我无私的关心和教导，你们的言传身教，不仅给予了我知识的启迪，更加激励着我不断求知和探索。

感谢众多同门和同学，有你们的陪伴，我的研究历程变得绚丽而多彩。特别要感谢李琛博士、龚巍博士、王玉朝博士、肖遗规博士、杨文涛博士，我们谈天说地、嬉笑怒骂、相互为伴、共同前行，愿友谊长存。

谨以此书献给我挚爱的亲人和爱人。多年来，亲人为我创造了良好的生活条件和学习环境，使我能够一心向学，不为生活所累，我的每一步前进都是你们对我深沉的付出；感谢我的爱人，是你为我的进步而高兴、为我的落寞而伤心，是你笑脸面对我的成功、笑脸面对我的失败，感恩有你、感谢相随。我常常告诉自己："为什么我能如此轻装前行？是你们为我肩负重担。"

最后，以"路漫漫其修远兮，吾将上下而求索"来勉励自己。

颜才玉
2021 年 6 月于长沙岳麓山